Ruediger Dahlke und Elsa Mittmannsgruber
Es kommt BESSER – 25 Schlüssel, die dein Leben
und die Welt verändern werden

Ruediger Dahlke und Elsa Mittmannsgruber

Es kommt BESSER

25 Schlüssel, die dein Leben
und die Welt verändern werden

2023

Originalausgabe
1. Auflage, November 2023

ISBN 978-3-9505372-4-6

© 2023 Pionier Verlag

Eine Marke der Media in res Medien GmbH
Weingartshofstraße 37-39
4020 Linz, Österreich

Alle Rechte vorbehalten. Die Verwertung der Texte und Bilder, auch nur auszugsweise, ist ohne Zustimmung des Verlags urheberrechtswidrig und strafbar. Dies gilt auch für Vervielfältigungen, Übersetzungen, Mikroverfilmungen und für die Verarbeitung mit elektronischen Systemen.

Sollte diese Publikation Links auf Webseiten Dritter enthalten, so übernehmen wir für deren Inhalt keine Haftung, da wir uns diese nicht zu eigen machen, sondern lediglich auf deren Stand zum Zeitpunkt der Erstveröffentlichung verweisen.

Die Informationen in diesem Buch sind von Autoren und Verlag sorgfältig erarbeitet und geprüft worden. Dennoch erfolgen alle Angaben ohne Gewähr.

Für das Leben

INHALT

Einleitung	9
Vorwort	15
1 Durch dich verändert sich die Welt!	17
2 Wo Schatten ist, da ist auch Licht!	25
3 Unser Spiegelbild ist überall!	31
4 Du kannst das Gute in dein Leben ziehen!	37
5 Der Rahmen verändert jedes Bild!	43
6 Es ist nie zu spät für einen besten Freund!	47
7 Es gibt kein Warten, nur ungenutzte Zeit!	53
8 Alles fängt mal klein an!	59
9 Wenn es läuft, dann läuft's!	65
10 Du bist brillant! Ich bin brillant! Wir sind brillant!	71
11 Der Mensch ist im Grunde gut!	75
12 Alles hat seinen richtigen Moment!	81
13 Wer loslässt, den überrascht das Leben!	87
14 Bewusste Muster bringen Leichtigkeit!	91
15 Die Zeit ist ein Fluss!	97
16 Gesundheit ist ansteckend!	103
17 Es ist nicht wichtig, was du kannst!	109
18 Nachgeben heißt nicht verlieren!	115
19 Wir können Freiheit wieder lernen!	121
20 Aus Routine dürfen Rituale werden!	127
21 Der wichtigste Mensch bist du!	133
22 Du fällst nie tiefer als in Gottes Hand!	141
23 Wenn du bekämpft wirst, bist du richtig!	147
24 Freue dich auf die nächste Krise!	153
25 Das Beste kommt zum Schluss!	159
Schlussbemerkung	166

Einleitung

»*Wer hohe Türme bauen will, muss lange am Fundament verweilen.*«
Anton Bruckner

»*Alle denken nur darüber nach, wie man die Menschheit ändern könnte, doch niemand denkt daran, sich selbst zu ändern.*«
Leo Nikolajewitsch Graf Tolstoi

»*Wir müssen der Wandel sein, den wir in der Welt zu sehen wünschen.*«
Mahatma Gandhi

»*Was wir heute tun, entscheidet darüber, wie die Welt morgen aussieht.*«
Marie von Ebner-Eschenbach

Oder: Wer die Welt verändern will, muss zuerst bei sich selbst anfangen. Zu jeder Zeit, in jedem Land wurde diese wichtige Weisheit verkündet. Du kennst sie, ich kenne sie, wir alle kennen sie. Obwohl diese Weisheit aber schon so viel älter ist, als wir es sind, hat sie die Welt noch nicht in dem Ausmaß verändert, wie sie es eigentlich könnte. Woran mag das wohl liegen?

Wagen wir ein kleines Experiment. Lies dir die obigen Zitate nochmals durch. Dann schließe deine Augen. Spüre nun ganz tief in dich hinein. Was lösen diese Zitate in deinem Innersten aus? Was fühlst du? Könnte es ein Gefühl von Abwehr sein, von Angst, von Machtlosigkeit, Hilflosigkeit, Trauer, Wut? Oder fühlen sich diese Sprüche für dich gut an? Spürst du Hoffnung, Zuversicht, Tatendrang, fühlst du Kraft, Stärke und deine Bedeutung? Wenn du dich gut fühlst, zählst du zu einer glücklichen Minderheit. Dann bist du schon sehr weit in deiner geistigen Entwicklung und vermutlich schon drauf und dran, die Welt zu einem besseren Ort zu machen. Wunderbar! Dieses Buch wird dir wichtige Werkzeuge an die Hand geben, mit denen dir dein Vorhaben leichter fallen wird.

Fühlst du dich aber bei unserem kleinen Experiment schlecht, liegt das sehr wahrscheinlich daran, dass du die Worte in diesen Zitaten nicht wirklich glaubst. Du findest sie vielleicht ganz logisch, dein Kopf sagt also: ja, das wird schon so sein. Aber dein Herz sagt: nein. Die Zitate dieser weisen Menschen kommen bei dir nicht an. Du hörst sie, du nimmst sie wahr, aber du spürst sie nicht. Es sind reine Worthülsen, ohne Gewicht. Und was hinzukommt: Sein Leben und die Welt zu verändern, hat sehr oft einen negativen Beigeschmack. Wir MÜSSEN uns bemühen, MÜSSEN Gutes tun, MÜSSEN moralisch und tugendhaft handeln, MÜSSEN uns selbst dabei geißeln, MÜSSEN unsere eigenen Bedürfnisse hintanstellen und uns selbst ganz weit zurückreihen. Puh, wie angenehm. Da freut man sich doch richtig drauf. Oder wir lassen es lieber einfach und bleiben, wie wir sind, auch, wenn es uns damit oftmals nicht gut geht. Besser in jedem Fall – oder? Nein! Weil es noch einen dritten Weg gibt. **Wir können unser Leben und die Welt verändern und uns dabei pudelwohl fühlen. Glücklich, zufrieden, gesund!**

Alles kommt besser, verspricht dieses Buch. Und du wirst sehen, dieses Versprechen wird halten. Wir alle spüren es, wir hören es, wir sehen es: Wir sind am Weg in eine neue Zeit. So einiges hat sich in den letzten Jahren verändert – die Umstände, aber vor allem auch in uns selbst. Vieles wurde aufgebrochen, aufgewühlt, offengelegt. Veränderungsprozesse wurden angestoßen. Wir sind mitten im Umbruch, die

Zeiger stehen auf Wandel. **Diese Energie der Neuerung, des Wandels können wir für uns nutzen – um unser Leben, unser Umfeld und damit die Welt auf eine neue Ebene zu bringen.** Dabei wird dir das Buch von Ruediger Dahlke und mir eine große Unterstützung sein.

Wir laden dich sehr gerne dazu ein, dieses anfängliche, kleine Experiment nach der Lektüre dieses Buches zu wiederholen. Du wirst überrascht sein. Es wird sich lesen und anfühlen, als wären es ganz neue Zitate. Standen die wirklich auch vorher schon genauso da? Ja, das taten sie! Aber du hast dich nun verändert und du weißt jetzt, dass sich durch dich die Welt verändert. **Ab jetzt wird alles besser. Es wurden gigantische Prozesse angestoßen. Du hast dich verwandelt, dein Umfeld wird sich wandeln, die Welt wird sich wandeln.** Denn du bist ein Teil dieser Welt und die Welt ist die Summe ihrer einzelnen Teile! Die Welt spiegelt sich in dir und du spiegelst dich in der Welt. Alles ist verbunden in einem Kreislauf von Ursache und Wirkung. Du machst einen Unterschied. Du kannst der helle Farbklecks im dunklen Farbtopf sein, der sich durch dich unweigerlich erhellt. Und wenn du hell bist, strahlt auch dein eigenes Leben. Du bist Licht!

Und jetzt kommt es NOCH besser: Du musst nichts weiter tun, als dich selbst glücklich zu machen! Du brauchst gar nicht den Wunsch oder Willen dazu haben, die Welt zu verändern. Das passiert ganz nebenbei, als schöner Nebeneffekt sozusagen, sobald es dir gut geht. Mit den 25 Schlüsseln, die dir dieses Buch anbietet, wird dir das gelingen. Dein Leben wird so viel leichter werden, du wirst so viel mehr Lebenslust empfinden, so viel erfolgreicher in deinen Vorhaben sein, voller Energie sein und dir so viel Ärger und Kummer ersparen. Du wirst dein Leben bewusster leben und das Gute in dein Leben ziehen. Und selbst, wenn du jetzt glaubst, alles ist gut genug: es geht besser! **Staune, was alles noch in dir steckt und das Leben noch für dich bereithält.**

Ich selbst staunte, was während der Entstehung dieses Buches mit mir passierte. Obwohl ich mich schon lange mit all diesen Thematiken beschäftige, lerne ich nie aus. Im Leben lernt man nie aus, lautet ja auch eine alte Volksweisheit, und so ergeht es jedem von uns. Und jeder von uns vergisst noch dazu andauernd. Deshalb brauchen wir stets die Erinnerung und wir brauchen die Wiederholung. Denn in dem Maß, in dem wir uns verändern, verändern sich auch die Informationen, die wir aufnehmen. Ein und dieselbe Information kann für uns in jedem Moment eine ganz andere Bedeutung haben. **Deshalb soll dir dieses Buch ein treuer Begleiter sein. Es soll dich immer wieder inspirieren, dich an die Gesetze des Lebens erinnern, dir deine Stärke und dein Glück ins Gedächtnis rufen, dir stets Zuversicht geben und dich beim Wachsen geleiten. Es wird dir ein Spiegel sein, in dem du dich und deinen Fortschritt immer wieder betrachten kannst.**

Auch für mich ist dieses Buch ein ständiger Spiegel. Ich gab mir selbst damit ein Versprechen. Jedes Wort, das ich schreibe, will ich selbst leben, zu jeder Zeit. Auch durch mich soll dieses Buch wirken in all seiner Kraft, die es entfalten kann. Dabei bin ich grenzenlos glücklich. Es geht mir gut, ich glaube an das Gute und damit tue ich Gutes. Für mich, für mein Umfeld, für die Welt.

Ich danke Ruediger Dahlke dafür, dass er so manch verschlossene Tür in meinem Geist öffnete. Die Gespräche mit ihm waren pure Inspiration. Wir haben einige Tage und in diesen Tagen viele, viele Stunden miteinander auf der steirischen Ruheoase „TamanGa" verbracht. Ich fragte Ruediger Dahlke in meiner Profession als Journalistin Löcher in den Bauch. Von früh bis spät suchten wir nach Lösungen für die Fragen und Herausforderungen unserer Zeit. Schließlich zeigte sich uns ein klares Bild: alle Antworten laufen bei wenigen Prinzipien zusammen. Auf dieser Basis formulierte ich dann die 25 Schlüssel. 25 Schlüssel, die dazu führen werden, dass alles BESSER kommt!

Die intensiven Überlegungen von Ruediger Dahlke und mir finden sich vereint in meinen Ausführungen zu den jeweiligen Schlüsselsätzen. Mit vielen Beispielen, Vergleichen und Parallelen aus dem Leben und der Natur schrieb ich meine Texte so, dass sie nicht nur euren Kopf, sondern euer Herz berühren, denn das ist von besonderer Bedeutung. Mit den ganz persönlichen Geschichten aus Ruediger Dahlkes Leben gelingt das noch mehr. Denn Geschichten berühren uns und wir können uns auch viel leichter an sie erinnern. Erleben wir selbst Ähnliches, werden wir immer wieder an sie denken und damit auch zugleich an einen der 25 Schlüssel. Denn jede von diesen Geschichten beherbergt mindestens einen davon. Ruediger Dahlke teilt mit uns einzigartige Momente seines Lebens und Erlebens aus mehr als siebzig Jahren. Es sind Geschichten, die Hoffnung geben, die uns erheitern, zum Schmunzeln oder zum Nachdenken bringen. Ich danke ihm von ganzem Herzen für diese erfrischende Offenheit und die spannenden Einblicke in sein Denken und Leben.

Dieses Buch hat mein Leben verändert. Genau das wünsche ich auch euch, liebe Leser!

Viel Freude, viel Motivation, viel Kraft und ganz viel Zuversicht! Denn glaubt mir: alles kommt besser!

Eure

Elsa Mittmannsgruber

Vorwort

Es waren einige berührende Tage, als mich die Journalistin Elsa Mittmannsgruber in TamanGa besuchte und zu meinem Berufs-Leben befragte. Sie stellte Fragen, die mich bewegten, überraschten und zum Nachdenken brachten. Damit führte sie mir mein ganzes Leben nochmals vor Augen, denn es war entscheidend vom Beruf geprägt, den ich von Anfang an als Berufung erlebte und der einem Ruf folgte. Mein Großvater war auch ein Leben lang Arzt mit Leidenschaft gewesen und seine Tochter, meine Mutter, prägte meines entscheidend. Ihr Held war Albert Schweitzer, und so wurden wir vier Kinder auch in diesem Sinne erzogen. Seine „Selbstzeugnisse" las sie uns noch vor unseren Teenie-Jahren vor und Saint-Exupérys „Kleiner Prinz" bestimmte den Rest. Wir Kinder nannten diese Stimmung evangelo-sozialo-humano.

Dann brach gleich im Windschatten der Pubertät die Hippie-Zeit über mich herein. Wir wollten Blumen in Gewehrläufe stecken, fanden aber gar keine Gewehrläufe. Ansonsten waren wir dagegen, gegen fast alles, zumindest alles Überkommene und Alt-Hergebrachte. Insofern konnte ich auch gar nicht so einfach Medizin studieren, denn das war ganz klar der vorgezeichnete Weg. Daran, dass der für mich nicht in Frage kam, ließ ich keinen Zweifel. Der Mentor unserer Amnesty-International-Gruppe, Friedrich Eras, wies mich darauf hin, dass ich nicht so viel betonen müsse, weder Medizin noch Theologie zu studieren, denn das müsse ich ja gar nicht. Er war Pfarrer aus Berufung. Das passe gut für ihn, und auch Arzt sei nicht so schlecht, aber ich könne mir doch auch jeden anderen Beruf aussuchen. Er machte mir diesen Widerspruch in mir so deutlich, dass ich schließlich merkte, wie sehr ich Arzt werden wollte. Nur die Vorgaben meiner Familie wollte ich nicht erfüllen. So verdanke ich ihm, mich schließlich doch zum Arztberuf durchgerungen zu haben. Bevor ich mich recht versah und, um dem Militär weiterhin zu entkommen, dem ich auch als Arzt und Offizier ohne Waffe nicht dienen wollte, studierte ich auch noch ein Stück Theologie.

Meinem Vater verdanke ich die Einstellung, für Bildung sei nichts zu teuer. Thyssen-Boss, im Gegensatz zu meiner Mutter als Sonderschulpädagogin, vertrat er eine sehr pragmatische Pädagogik. Wenn sie sich über meine Zeugnis-Betragens-Bemerkung oder meine Schönschriftnote erregte, rückte er – kaum waren wir allein – die Prioritäten wieder zurecht. Mit ihm würde ich höchstens Ärger bekommen, wenn ich eine gute Betragens- und ansonsten schlechte Noten hätte. Als ich in den 68er-Jahren Sozialist wurde, fand er das erst idealistisch und okay, als es aber nach zwei Jahren noch anhielt, lud er mich auf Reisen in die UdSSR, nach China und Kuba ein. Das waren dann schon meine letzten sozialistischen Wochen. Darauf folgte noch ein etwas peinliches, aber wundervolles Semester in einem US-Elite-College.

Die Zeiten des Interviews wurden auch eine Art Bilanz-Tage und die Frage tauchte auf: Was bleibt mir übrig nach all diesen Jahrzehnten?

Dabei ordnete Frau Mittmannsgruber ganz nebenbei mein Leben in Kapitel und mir wurde klar, wie vielfältig, abwechslungsreich und spannend es tatsächlich bisher gewesen war. Viel war zusammengekommen in diesen letzten guten 50 Jahren – ein halbes Jahrhundert für die Medizin.

Kennengelernt hatten wir uns bei einem Interview, das sie mit mir für ihren Sender AUF1 führte, angesichts der noch kaum überstandenen Pandemie, die uns alle so herausforderte.

Frau Mittmannsgruber gehört entschieden zu den kritischen und mutigen Journalisten, an denen wir so erschreckenden Mangel haben.

Insofern waren unsere Gespräche für mich ein entspanntes Heimspiel. Ich war es schon gar nicht mehr gewohnt, so ergebnisoffen und frei von Tabus interviewt zu werden. Das machte mir erst so richtig klar, was uns in den zurückliegenden Jahren im Presse-Bereich geschehen war.

Nun, mit 72, schaue ich auf ein 45-jähriges, spannendes Arztleben zurück, in dem ich von den Professoren im Studium nicht annähernd so viel lernte wie von meinen Patienten. All die Steilvorlagen zu meinen Büchern und Bestsellern verdanke ich ihnen. Immer wenn ich x-mal dasselbe gefragt wurde, schrieb ich ein Buch dazu, um ihnen Geld und mir endlose Wiederholungen zu ersparen. So kamen viel-und-80 Bücher in ungezählten Schreib-Meditationen zusammen. Über diese finanzierten meine Patienten auch unser Seminar- und Gäste-Zentrum TamanGa, in dem ich seit Jahren all meine Seminar-Wochen halte, an einem Ort, der wie dafür geschaffen ist. Und er ist tatsächlich genau dafür geschaffen. Insofern verdanke ich wirklich so ziemlich alles meinen Patienten.

Euer

Ruediger Dahlke

Durch dich verändert sich die Welt!

Was kann ich allein denn schon tun? Alles! Denn ein Mensch allein kann die Welt verändern! Die Geschichte ist voll von solchen Beispielen und dennoch ist es für uns so schwer zu glauben. **Kaum jemand spürt die wahre Macht, die er in sich trägt. Die meisten Menschen fühlen sich eher machtlos und ohnmächtig den äußeren Entwicklungen ausgeliefert.** Diese Gefühle aber sind reine Täuschungen!

Kennst du den Schneeballeffekt? **Alles beginnt mit einzelnen Schneeflocken, die sich zu einem immer größeren Schneeball verbinden und den Berg hinunterrasen, immer größer, immer mächtiger wird der Schneeball und irgendwann möglicherweise eine gewaltige Lawine.** Genauso verhält es sich mit einzelnen Taten von uns. Auch sie lösen weitreichende Effekte aus, mögen die vorangegangenen Taten noch so klein sein. Wir wissen nie, wozu sie letztlich führen, wen sie alles berühren, wie weit sie reichen und was sie letztlich verändern. Ein einzelnes Lächeln kann Leben retten. Denke beispielsweise an jemanden, der vielleicht gerade im Begriff ist, sich sein Leben zu nehmen. Durch dein Lächeln aber brachte er es nicht übers Herz, weil es ihn tief berührte. Ein Familienvater, der drei Kinder und eine Frau zurückgelassen hätte, dem vielleicht auch eine große Firma gehörte mit vielen Mitarbeitern, die ihren Job womöglich verloren hätten. Wie viele Schicksale konntest du mit einem Lächeln verändern, wie viel Leid verhindern? Unendlich viele Beispiele und Geschichten könnten an dieser Stelle darüber erzählt werden, wie eine kleine Handlung Großes bewirkte.

Dass ein Einzelner so viel Macht hat, ist in einer Welt voll mit Hierarchien eher eine Wahrheit, die gerne unter den Tisch gekehrt wird. Denn welcher Machthaber will, dass seine Untertanen das wissen? Welcher Firmenchef will, dass sich seine Mitarbeiter darüber bewusst sind? Welche Eltern wollen, dass ihre Kinder plötzlich das Zepter in die Hand nehmen? Welche Lehrer wollen, dass die Schüler aufmüpfig werden? Wir alle befinden uns in irgendwelchen Positionen und Stellungen. Und um diese Stellung nicht zu gefährden, halten viele Menschen gerne die anderen um sich klein. „Für wen hältst du dich eigentlich?" ist ein gern verwendeter Satz Menschen gegenüber, die vermeintlich nicht ihrer Position entsprechend agieren. Jemand, der groß denkt und große Pläne wälzt, ist den meisten Menschen suspekt. **Größenwahnsinnige oder Spinner nennt man all jene dann gerne. Bezeichnungen, die vermutlich sehr viele der bedeutendsten Männer und Frauen in unserer Geschichte mehr als nur einmal in ihrem Leben gehört haben.** Aber sie ließen sich davon nicht beirren.

> *„Aber ein Mensch kann eine Schneeflocke sein, die sich mit anderen verbindet und schließlich ganz groß wird."*

Wir dürfen uns also von unseren Mitmenschen keine Bestätigung erhoffen, wenn wir sagen: ich allein kann die Welt verändern. Sehr wahrscheinlich werdet ihr eher ausgelacht. Doch nur deshalb, weil wir einfach von klein auf beigebracht bekommen, dass ein Mensch allein keine Macht hat. Und ja: auf Dauer gesehen stimmt das auch, wir brauchen einander. **Aber ein Mensch kann eine Schneeflocke sein, die** sich mit anderen verbindet und schließlich ganz groß wird. Doch niemand braucht die Masse. Es genügt eine Minderheit, um einen Wandel herbeizuführen. Dazu brauchen wir uns nur anzusehen, welche Minderheiten heutzutage tonangebend sind. Es ist nicht die Masse und auch nicht der Wille der Masse, die/der die Weichen stellt.

Etwas, das für unser eigenes Leben und ab sofort besonders wichtig ist zu erkennen, und uns in vielen Facetten in diesem Buch begegnet, ist eine der wichtigsten Weisheiten auf dem Weg zu einem besseren Leben und einer besseren Welt: **ändere dich, dann ändert sich dein Umfeld, dann ändern sich Gesellschaften, dann ändert sich die Welt. Es braucht nicht unbedingt große Heldentaten. Es zählt bereits, WIE DU LEBST, wie authentisch du lebst.** Wenn du so lebst, wie du möchtest, dass alle Menschen leben, bist du bereits ein Held der neuen Zeit und bewirkst damit viel mehr, als du denkst. Bereits kleine Handlungen in deinem Leben können sehr viel Gutes bewirken. Und wenn du manchmal den Mut verlierst, laden wir dich dazu ein: achte auch auf die anderen kleinen Bemühungen, die kleinen Lichter, denn sie sind überall, und gemeinsam sind sie strahlend hell!

Wir sind so stark, wir sind so mächtig. Glauben wir daran! Halten wir uns selbst nicht klein, machen wir uns groß – denn das sind wir!

Aus dem Leben von Ruediger Dahlke:

In meiner Chirurgie-Zeit hatte ich mich im Hinblick auf den anstehenden Entwicklungsdienst weniger in den Operationssaal gedrängt, als um die kleine Chirurgie in der Ambulanz bemüht. Ich desinfizierte Wunden und nähte sie wieder zu. Das wurde bald Routine. Für die häufigen Verletzungen von Kindern hatten wir einen robusten Pfleger, der nahm sie fest in beide Arme und fixierte sie mit seiner, selbst bei stärkster Gegenwehr überlegenen Kraft. Am Ende waren alle rechtschaffen erschöpft und reichlich verschwitzt, das Kind voller Angst vor uns Weißkitteln, die Mutter eine Zeit in Todesangst um ihr Kind. Nach vollbrachter Heldentat konnten wir dann das verängstigte, aber reparierte Kind der ebenso verängstigten, nun aber dankbaren Mutter zurückgeben. Auch das war Routine.

Da die Chirurgen wenig Interesse an den kleinen Eingriffen und Reparaturen in der Ambulanz hatten, sondern völlig auf ihren für die Facharzt-Prüfung notwendigen Operations-Plan fixiert waren, „durfte" ich bald die Ambulanz ziemlich selbstständig versorgen und auch meinen ersten Nachtdienst allein durchstehen.

Und gleich gab es einen typischen Einsatz, allerdings zu ganz untypischer Zeit gegen 23 Uhr: ein kleiner Junge, offenbar gestürzt, Cut über der Augenbraue, die entsprechende Gesichtsseite blutüberströmt, Mutter und Sohn schon deswegen in Panik, Bub schreiend. Die mit mir diensthabende erfahrene Schwester fragte mich: „Wollen wir das in Ruhe zu zweit erledigen oder möchten Sie das große Theater?" Etwas sprachlos, weil ich nur Letzteres kannte, bat ich sie um Aufklärung bezüglich des kleinen Theaters zu zweit. „Dann lassen Sie es mich machen", war ihre Antwort und ich erlebte staunend, wie sie Mutter und Sohn in den OP holte. Meinen schwachen Protest wegen der Hygiene wischte sie mit der Bemerkung weg, es sei doch sowieso der septische, also schmutzige OP. Als nächstes wusch sie dem Buben das Blut vom Gesicht, was ihn vor Schreck verstummen ließ und auch die Mutter spürbar beruhigte. Dann ließ sie die Mutter mit dem Sohn auf ihrem Schoß auf dem Stuhl Platz nehmen, den sonst der Pfleger einnahm. Die Schwester lud die Mutter ein, ihre üblichen Heil-Rituale zu vollführen wie „Heile, heile Gänschen", etwas Beruhigendes zu singen usw. Scheu und noch immer deutlich verschüchtert strich die Mutter in der Luft über die klaffende Wunde und sang ihre heilenden Silben. Offensichtlich wirkte das alles beruhigend auf beide. Damals staunte ich, heute weiß ich, sie strich die Aura wieder glatt und reparierte gleichsam das gestörte Feld über der entsprechenden Gesichtsseite. Dann fragte mich die Schwester, ob ich überhaupt anästhesieren wolle oder einfach gleich zunähen. Entsetzt dachte ich an Nazi-Medizin, Operation ohne Narkose usw., bis sie mir erklärte, für die Anästhesie müsse ich zwei- oder dreimal stechen und selbstverständlich unanästhesiert. Also könne ich auch gleich die zwei, drei Stiche nähen – am besten in den Ausatem hinein, dann ginge es ohne Schmerzen. Ich war baff und fragte – inzwischen längst Atemtherapeut – peinlicherweise, wie ich den Ausatem erkennen könne. Sie zog ihren Schuh aus, stellte ihren Fuß auf meinen und sagte: „Immer, wenn Sie Druck spüren, nähen Sie." Das ging einfach und leicht und ohne eine Träne, zumal die Mutter der Aufforderung nachkam, ihrem Sohn eine spannende Geschichte zu erzählen. So ging das Ganze schneller als üblich, ohne Angst und Panik und fast schmerzlos. Obendrein hatten wir eine Arbeitskraft eingespart und noch Material wie das Anästhetikum.

Ich bedankte mich bei der Schwester für diese eindrucksvolle Lektion. Und selbstverständlich wollte ich nun auch tagsüber so verfahren, scheiterte aber gleich an Chirurgen, die sich plötzlich wieder für die in ihren Augen völlig entgleiste Ambulanz-Arbeit interessierten.

Allmählich lernte ich den Weg der kleinen Schritte angesichts der Macht des Gewohnten. Auch wenn das noch so unsinnig war, und da gab es so viel in der Schulmedizin, kleine, achtsame Schritte ließen sich viel leichter durchsetzen.

Von da an habe ich, ob beim Injizieren oder Blutabnehmen, immer während des Ausatems gestochen und die Patienten gebeten, etwas tiefer zu atmen, sodass der Ausatem zu einem Seufzer des Loslassens wurde. Diese schmerzlose Methode hat sich unter den Patienten herumgesprochen, und einige auf der Station wollten ausdrücklich nur noch von mir Blut abgenommen bekommen. Verwundert nachfragenden Kollegen habe ich das kleine Geheimnis gern verraten und viele haben das übernommen. Ich hoffe, es hat Kreise gezogen und sich auf andere Stationen ausgebreitet.

Mit meinem Freund Baldur Preiml, der den österreichischen Schifliegern Flügel verlieh, habe ich vor Jahrzehnten auf der Terrasse der Alpenrose in Kärnten, dem ersten Biohotel im Land, diskutiert. Wir überlegten, was wir an sinnvoller Veränderung durchsetzen könnten, ohne dafür wieder gleich geprügelt zu werden. Wir tranken gerade das gute Wasser der Alpenrose, und beschlossen, uns für das Trinken von genug, also 2 l gutem Wasser täglich, einzusetzen. Baldur sprach vom Getränk der Weltmeister, das sehr gut ankam bei einem wie ihm, der selbst Weltmeister der Schispringer war. Ich betonte die Gesundheitsaspekte. Inzwischen hat sich genug Wasser zu trinken im ganzen deutschsprachigen Raum verbreitet. Wir sind nie dafür beschimpft worden, es ist überhaupt kaum bekannt, wo dieser Trend begann.

Allerdings hatte es, wie alles, auch einen Schatten. Dem begegne ich ständig in nuckelnden Frauen, die Trinken mit Mundbefeuchtung und Nachholen der oralen Phase verwechseln, denen die Wirtschaft sogar extra Nuckelflaschen konstruiert hat, die sie in klassischen Konzerten dabei haben oder – meine Höchststrafe –, die sich beim Bergwandern mit einer Art Dauerkatheter aus dem Rucksack ständig den Mund befeuchten. Dabei reicht es, die gesunden 2 l in wenigen Portionen zu trinken.

Die Methode der kleinen, achtsamen Schritte heißt in Japan Kaizen und hat sich bereits bis in die Industrie- und Wirtschaftswelt ausgebreitet. Michael Ende hat ihr in seinem zauberhaften Buch „Momo", das vor den Zeitdieben warnt, in Beppo Straßenkehrer ein Denkmal gesetzt. Als echter Zen-Meister weit von Japan entfernt, ist er überall tätig und lehrt, wie leicht die längste Straße zu kehren ist, wenn es Schritt für Schritt mit jedem einzelnen Besenstrich im jeweiligen Augenblick geschieht.

Wo Schatten ist, da ist auch Licht!

2

„Wo Licht ist, da ist auch Schatten" – ein Satz, der gerne auf Goethe zurückgeführt wird, aber vermutlich noch viel älter ist. Eine Weisheit, die sich in beide Richtungen drehen lässt und klar macht: **Licht und Schatten kommen immer zusammen. Das eine kann ohne das andere nicht sein.** Für unser Leben und unsere Hoffnung und Zuversicht ein essentieller Gedanke, den wir uns immer wieder in Erinnerung rufen dürfen.

Gerade, wenn wir verzweifeln, wenn wir denken, dass das Dunkle überhandnimmt, gerade dann ist es so bedeutsam, das Licht zu sehen. Denn es ist da, es muss einfach da sein, es gäbe sonst keinen Schatten. Also dürfen wir uns auf die Suche nach diesem Licht machen, das unsere Herzen wieder erhellen wird.

Man kann es auch anders formulieren: Alles Schlechte hat auch etwas Gutes und umgekehrt. Ruediger Dahlke nennt das Polaritätsdenken und rät, es stets in sein Leben zu integrieren. Wir dürfen immer bedenken, wenn wir uns über etwas oder jemanden ärgern, wenn uns eine Entwicklung ängstigt oder traurig macht, wenn uns etwas Schlechtes widerfährt: **Es ist nie jemand oder etwas einseitig positiv oder negativ, jeder und alles trägt beides in sich, Licht und**

Schatten, Gut und Böse. Diese Gedanken können uns trösten, sie können uns beruhigen, sie können uns sehr viel lehren. Wir lernen, weniger über Situationen und Menschen zu urteilen und sie nicht einseitig zu betrachten und darzustellen. Wir erkennen, dass sich die Welt nicht einordnen lässt. Was für den einen gut ist, ist für den anderen schlecht und umgekehrt. Wir begreifen dadurch, dass auch unser Handeln stets zwei Seiten hat und dass nichts endgültig ist.

> *„Wir schenken uns selbst und der Welt mit solchen Gedanken Frieden und Harmonie."*

Auch, wenn wir denken, ausschließlich gut zu handeln, ist es nie ausschließlich gut. Das ist gar nicht möglich. Und selbst, wenn wir eine Situation oder Entwicklung als ausschließlich schlecht ansehen, ist sie es nicht. Auch das ist einfach nicht möglich. Darum ist es wichtig, immer die andere Seite mit zu bedenken. Wir können sie nicht verhindern, aber wir können sie würdigen. Vor allem in unserer Betrachtung der Dinge und in unseren Urteilen darüber. Egal, ob es um kleine Beziehungsstreitigkeiten oder große globale Themen geht: es hat nie nur einer Recht, es hat nie nur einer Schuld, es ist nie einer nur der Gute und der andere der Böse. **Wir schenken uns selbst und der Welt mit solchen Gedanken Frieden und Harmonie.** Denn wir kennen viele Beispiele in der Geschichte und auch aus aktuellen Ereignissen, die uns zeigen, wozu eine einseitige Ansicht vom wahren Glauben oder dem wahren Guten führen kann.

Aber dann ist ja alles relativ, nichts mehr sicher, wirst du nun womöglich denken? Im Großen gesehen: ja. In unserem eigenen Leben und Erleben: nein. **Das Polaritätsdenken bedeutet eben nicht, dass wir keine eigenen Überzeugungen haben dürfen und für** diese nicht einstehen sollen. **Es bedeutet auch nicht, dass wir nicht auf unser eigenes Empfinden von Schlecht und Gut achten und vertrauen sollen.** Aber wir dürfen dabei immer bedenken: es sind unsere eigenen und es müssen nicht die Überzeugungen und Empfindungen der anderen sein.

Solange es die Welt gibt, wird sie auch Licht und Schatten vereinen. Mal kippen die Entwicklungen mehr ins Licht, mal in den Schatten. Eines von beiden ist meist größer, aber beides ist immer da und kann sich zu jeder Sekunde wieder ändern – etwas, das auch in unserer Macht liegt. Ein sehr aufmunternder Gedanke.

Weil eben nichts endgültig, alles im stetigen Wandel ist, dürfen wir stets wachsam bleiben, auch dem vermeintlich Guten gegenüber. Denn was jetzt mehr im Licht ist, kann im nächsten Moment in den Schatten kippen. Licht und Schatten sind immer direkt beieinander. Aus Begeisterung kann Besessenheit werden, aus Mut Hochmut, aus Wissen Rechthaberei, aus Schutz Zwang.

Das folgende Beispiel aus Ruediger Dahlkes Leben zeigt eindrücklich auf, dass wir im Moment oft nicht wissen können, ob etwas überwiegend schlecht oder gut ist. Ob wir nun einem Menschen geholfen oder ihm letztendlich mehr geschadet haben. Wir haben es ja sicher bereits oft genug erlebt: im Nachhinein ist man immer schlauer. Solche Momente aber halten uns stets vor Augen: Wo Licht ist, ist auch Schatten und umgekehrt!

Aus dem Leben von Ruediger Dahlke:

Auf einem Nachtflug saßen meine Partnerin und ich in der Nähe einer kleinen Familie, die ihre liebe Not mit ihrem noch sehr kleinen Jungen hatte. Er schrie wie am Spieß, obwohl er es eigentlich in seinem kleinen Bettchen sehr gut hatte. Das war direkt vor den Plätzen der Eltern an der Wand angebracht, wie bei vielen Fluggesellschaften üblich. Offenbar hatte der Kleine Ohrenschmerzen während des Steigfluges nach dem Start, und die Eltern brachten ihn wohl nicht zum Schlucken. Wir hofften, es würde auf der erreichten Flughöhe besser werden, aber dem war nicht so. Er schrie unaufhörlich weiter. Mit der Zeit beschwerten sich andere Fluggäste bei den Stewardessen und auch den Eltern. Nach einiger Zeit war der Vater wohl so genervt, dass er weiter nach hinten umzog, wo es noch vereinzelte freie Plätze gab. Die Mutter war aber auch schon am Ende mit ihren Nerven, wahrscheinlich war es ihr erster Flug mit Baby und sie reagierte hilflos weinend auf die Vorwürfe am Schlaf gehinderter Mitreisender.

Schließlich bat mich meine Partnerin, der Mutter anzubieten, es mit meiner Methode zu versuchen, die bei meiner Tochter immer so gut funktioniert hatte. Ich zierte mich, schließlich war es ein wildfremdes Kind und ich war mir auch unsicher, ob es da überhaupt funktionieren würde. Als die Situation aber weiter eskalierte, bot ich es ihr doch an. Sie war heilfroh, Hilfe zu bekommen, statt Beschwerden und Beschimpfungen. Also setzte ich mir den Kleinen auf die Schultern und nahm seine Händchen in meine. Während ich mich seinem aufgeregt raschen Atem anpasste, ließ ich meine Hände langsam hängen, sodass ihr Gewicht das Gesicht des Buben an meine Gesichtsseite herunterzog. Dann ging ich mit ihm im Gang spazieren, während ich meinen Atem verlangsamte und vertiefte und ganz leise ein Mantram summte. Tatsächlich hörte der auch selbst schon erschöpfte Bub allmählich auf zu schreien und wechselte in ein Wimmern, das allmählich auch verstummte. Scheinbar war er genauso froh wie die Reisenden in unserer Nähe, die uns verschiedentlich den aufgerichteten Daumen zeigten. Sie konnten endlich schlafen und der Kleine konnte mit dem längeren Atemrhythmus ebenfalls zur Ruhe und schließlich in den Schlaf finden. Wir wanderten noch einige Runden und dann bugsierte ich ihn in sein kleines Luxusbett. Die Blicke der überglücklichen Mutter hätten mich schon warnen können.

Jedenfalls hatte sie oder jemand in ihrer Umgebung mich erkannt, sie tauchte wenig später in einem Kurs auf, aber nicht, um zu lernen, sondern mit einer ziemlichen Übertragungs-Liebe, von der sie kaum abzubringen war. Auch deutliche Worte hatten wenig Wirkung.

Da wurde mir allmählich klar, was ich angerichtet hatte. Während ihr eigener Mann die Flucht ergriffen und sie im Stich gelassen hatte, konnte ich als Fremder ihr Kind beruhigen. Das hatte sie offenbar sehr angemacht, was durchaus nicht meine Absicht war und auch meiner Partnerin, die mich zu dieser Aktion angestiftet hatte, gehörig auf die Nerven ging.

Bert Brecht formulierte, das Gegenteil von gut sei nicht böse, sondern gut gemeint. Meine Einheia-Aktion war gut gemeint und lief doch zumindest ungut für die Frau und ihre Beziehung hinaus.

Dieses Phänomen ist immer zu bedenken. Die Bücher der Krankheitsbilder-Deutung sind sicher gut gemeint, lassen aber viele auch richtig böse werden, weil wohl für sie zu ehrlich und direkt. „Peace Food" sollte Frieden bringen und kann das auch etwa zwischen Dir und Deinem Immunsystem, zwischen uns und den Hungernden in den ärmsten Ländern, weil wir ihnen nicht mehr ihre Nahrung als Tierfutter für unsere Massentier-Zucht-Häuser wegkaufen, zwischen uns und den Tieren. Aber es kann auch Krieg auslösen, wenn Neu-Veganer unerträglich im Umgang mit Mitmenschen werden, sodass andere keinesfalls so werden wollen wie sie. Am schattigsten wird aber der Effekt, wenn nur einer von zwei Partnern, meist sie, zu „Peace Food" wechselt. Sie wird dann allmählich immer sensibler und kann ihn nach ein paar Jahren nicht mehr riechen und dann auch nicht mehr ausstehen und schließlich nicht mehr lieben. Manchmal kommt es sogar zu Scheidungen, und wo schon Kinder im Spiel des Lebens sind, ist das besonders traurig. Sich wegen der Nahrung zu trennen, ist auch völlig unsinnig. Ich halte die richtige Nahrung, in meinen Augen unbedingt „Peace Food", auch für wichtig und unterstützend in vieler Hinsicht, aber etwa geistige Nahrung für noch ungleich wichtiger und insofern das Buch „Mind Food" für viel wichtiger als „Peace Food".

Unser Spiegelbild ist überall!

Der Volksmund weiß: Wie man in den Wald hineinruft, so schallt es heraus. Solche und ähnliche Sprichworte gibt es viele. Sie besagen einerseits, dass du von anderen so behandelt wirst, wie du sie behandelst. **Andererseits aber auch, dass alle Menschen deine Spiegel sind.** Wenn du jemanden anlächelst, lächelt er meist zurück. Zumindest ist es in der Biologie mit den Spiegelneuronen so angelegt. Bei Kindern ist das sehr augenscheinlich. Hast du schon mal ein Kind beim Fernsehen beobachtet? Es ist äußerst amüsant, wie Kinder automatisch die Mimik der Protagonisten spiegeln.

Mal funktioniert das mit dem Lächeln besser, mal schlechter, aber im Großen und Ganzen spiegelt uns unsere Umwelt andauernd. Das heißt, wir können steuern, wie uns andere gegenübertreten und wie wir uns selbst dabei fühlen, weil wir das Verhalten des anderen besser einordnen können. Das bringt uns wieder stark in die Selbstverantwortung und damit Selbstgestaltung unseres Lebens.

Naturgemäß mögen wir den Blick in den Spiegel überhaupt nicht – sowohl in den echten Spiegel als auch den sozialen Spiegel. Kaum jemand kann sich lange nackt und ungeschminkt im Spiegel betrachten, ohne in bösartige Selbstkritik zu verfallen. Deshalb meiden wir es. Gleiches gilt bei unseren Mitmenschen. Kaum jemand mag es, von anderen Leuten seine Fehler aufgezeigt oder eben gespiegelt zu bekommen. Deshalb sehen und hören wir auch da nicht hin.

Dabei verpassen wir hier unglaubliche Möglichkeiten. Einerseits eben zu beeinflussen, wie andere Menschen auf dich reagieren und so deine Tage zu versüßen. Andererseits verpassen wir ein großes Potenzial, an anderen Menschen zu wachsen. **Denn unser Blick auf uns selbst ist meist äußerst eingeschränkt, so, als hätten wir Scheuklappen auf. Wir haben unzählige blinde Flecken, die uns im Leben immer wieder zum Verhängnis werden können. Der Schlüssel, um diese blinden Flecken sichtbar zu machen, liegt oftmals in anderen Menschen.** Tagtäglich zeigen sie uns unheimlich viel über uns selbst auf. Wenn wir uns über sie ärgern, wenn wir uns über sie freuen, wenn wir uns beleidigt fühlen – das alles kann wie ein Lehrbuch über uns selbst wirken. Wir dürfen uns fragen: Warum ärgert mich das so? Warum kränkt mich das? Was verrät das über mich selbst? Damit erhältst du die Macht über deine eigenen Gefühle zurück, da du sie besser verstehen lernst und weißt, woher sie kommen.

> *„Das, was wir in anderen sehen,*
> *sind also unsere eigenen Projektionen*
> *unserer Gefühls- und Gedankenwelt,*
> *Spiegel also."*

Ruediger Dahlke formuliert es so: „Wir projizieren ständig auf andere". **Das, was wir in anderen sehen, sind also unsere eigenen Projektionen unserer Gefühls- und Gedankenwelt, Spiegel also.** Das zu erkennen, verhindert auch Zwietracht. Denn du erkennst, dass die Person selbst nicht an deinem Ärger schuld ist, denn der Ärger kommt aus dir und nur du kannst ihn auflösen. So beginnst du, an der wahren Ursache zu arbeiten. Im Grunde darfst du der Person dankbar sein, da sie dich auf einen Konflikt in dir selbst hingewiesen hat, der jetzt aufgelöst werden kann. Das alles darfst du auch mit einem Augenzwinkern tun, um mehr Leichtigkeit in dein Leben zu bringen.

Wir laden euch also dazu ein, öfter bewusst in den Spiegel zu blicken und euch selbst dabei zu betrachten – das führt in jeder Hinsicht zur Wahrhaftigkeit mit dir selbst. Was wir ebenso lernen dürfen, ist, Kritik von anderen aufzunehmen und nicht sofort in die Abwehrhaltung zu gehen. Denn wie erwähnt, haben andere Menschen einen ganz anderen Blick auf uns, einen, den wir selbst nicht einnehmen können. Ihre guten Ratschläge sind teuer, nehmt sie an. Gerade, wenn sie euch besonders nahegehen, haben sie das Zeug dazu, viel Wahrheit über euch ans Licht zu bringen.

Aus dem Leben von Ruediger Dahlke:

Den Spiegelwechsel habe ich schon früh erfahren. Kaum war ich in meiner Schulklasse in Krefeld mit sehr gutem Zeugnis versetzt und fürs nächste Jahr wieder zum Klassensprecher gewählt, landete ich per Scheidung meiner Eltern im bayrischen Dorf, musste zurück in die schon abgeschlossene Klasse, was ich wie Sitzenbleiben empfand, weil im Norden Ostern und in Bayern nach den Sommerferien eingeschult wurde. Besonders herb war, dass unsere Mutter uns von diesem Vater-, Orts- und Schulwechsel gar nichts gesagt hatte. Das war ein schockierendes Erwachen in einer ganz anderen, ungleich unangenehmeren Welt für mich, die einen völlig anderen Teil von mir spiegelte. Vom Klassensprecher zum Saupreiß war schon ein ziemlicher Absturz, der vom Anerkannten zum Ausgegrenzten. Immerhin lernte ich dabei, für die Schwachen und Ausgegrenzten Partei zu ergreifen. Mein bester Freund wurde wegen seiner roten Haare als Rotfuchs und Schlimmeres verunglimpft und schon deshalb wählte ich ihn zum Freund.

Später waren es Unterdrückte, etwa die Angehörigen politischer Gefangener, die wir mit unserer Amnesty-International-Gruppe unterstützten und dabei für unser Ego ein bisschen James Bond spielten.

Den Kranken und Unterdrückten, den Tieren und der Natur beizustehen, wurde mir zur zweiten Natur. Meine Helden wurden Robin Hood und der schwarze Ritter Ivanhoe, Zorro, Zapata und Pancho Villa und noch später Ho Chi Minh.

Beide Väter waren zwar schwierig zu verarbeiten, aber auch wundervolle Spiegel. Der erste, echte, spiegelte die bedrohliche Vergangenheit. Er nahm mir ein Gummi-Messer zum Indianerspielen weg, mit dem Hinweis, als Deutsche dürften wir nie mehr Waffen in die Hand nehmen. Ich hatte es von seiner Mutter, meiner Groß(en)Mutter, geschenkt bekommen. Im Vorschulalter lernte ich daraus, dass wir neben Flüchtlingen aus dem Osten jetzt auch noch Deutsche waren, was offensichtlich weitere Nachteile mit sich brachte.

Der neue Stiefvater schenkte mir gleich zur Begrüßung, ich war acht Jahre alt, ein Luftgewehr mit dem Hinweis, dass es besonders durchschlagskräftig wäre und ich auch größere Vögel damit schießen könne. Ich verstand die Welt nicht mehr, aber doch soviel: Verlass Dich lieber nicht auf Erwachsene, sie widersprechen sich und wissen nicht, was sie tun. Ich lernte, mich auf sie einzustellen. Statt Vögel zu schießen, verachtete ich meinen Stiefvater, einen Bundeswehr-Generalstabs-Offizier.

Meinen richtigen Vater, heute würden wir sagen, ein CEO, also Chef-Exekutions-Offizier, durfte man nicht daran erinnern, was aus dem Stahl, den er von seiner großen Mannschaft von Tausenden Stahlarbeitern produzieren ließ, alles hergestellt wurde – wie etwa Panzer. Also mit der Zeit verstand ich, dass sie zwar an der Oberfläche völlig gegensätzlich waren, aber in der Tiefe doch beide Offiziere, denen ich bis heute besonders misstraue. Beide waren auch Wein-Fans, weswegen ich eher auf Bier setzte, bis ich merkte, dass es mir auch nicht so recht schmeckte und ich mich in einer Weingegend wie der Südsteiermark irgendwie wohler fühle als in einer Bierwelt wie Niederbayern. Heute kann ich Weiß- und Rotwein nicht nur farblich unterscheiden und gebe gern das Wochenseminar „Fasten, Wandern und Wein", die alte Schrothkur. Außerdem habe ich sogar einen Lieblingswein. Wir spiegeln uns immer in unserer Umwelt, deshalb ist es nicht unwichtig, auf diese sehr zu achten.

Als Unternehmer spiegelst du dich in einer so anderen Welt denn als Therapeut. Beides prägt und insofern bin ich den beiden Frauen, Margit und Claudia, die mir ersteres wieder abgenommen haben, sehr dankbar und widme mich gern und viel lieber dem Spiegel von Patienten und Studierenden.

Wie sehr wir darauf aus sind, schöne oder wenigstens hübsche Spiegel zu bekommen, konnte ich beim „Adoptieren" indischer Kinder erleben. Über die Jahrzehnte hatte ich mit meiner jeweiligen Partnerin die Patenschaft für verschiedene Kinder angenommen und immer wurden dabei – ohne viel Diskussion – die hübschesten ausgesucht, bis zuletzt im Gegenteil ihre Wahl in beiden Fällen auf zwei wenig(er) attraktive Jungs fiel. Und völlig zu Recht wurde mir mitgeteilt, dass besonders dem schielenden Jungen geholfen werden müsse, weil das wohl sonst kaum jemand tue. Warum eigentlich nicht? Wenn man schon helfen wolle, dann doch, wo es besonders notwendig ist. Aber wir vermeiden eben gern zu ehrliche Spiegel.

Du kannst das Gute in dein Leben ziehen!
4

Warum sollte man stets wahrhaftig zu sich selbst sein? Weil das Schicksal die Tendenz hat, uns zu korrigieren. Keine Lüge währt ewig, erst recht nicht, wenn man sich selbst belügt. Etwas, das uns öfter in diesem Buch begegnet, ist die Macht unserer Gedanken und unserer inneren Haltung. **Denn zu verstehen, was man mit Gedanken allein bewirken kann, ist das Allesentscheidende.** Wir können nicht nur unser eigenes Befinden, unsere Fähigkeiten und unser gesamtes gegenwärtiges Leben damit so stark beeinflussen. Wir können damit auch unsere Zukunft und sogar die der Welt verändern! Denn wir sind ein Teil der Welt und durch uns kann sich die Welt wandeln. Fühlt sich das nicht großartig an!?

Wie aber soll das funktionieren? **Die Antwort liegt im Gesetz der Resonanz oder auch Anziehung. Das bedeutet vereinfacht gesagt, dass wir das in unser Leben ziehen, was wir ganz tief in uns wirklich denken, fühlen, glauben, wollen und letztlich brauchen.** Ist man zum Beispiel davon überzeugt, nie den richtigen Mann zu finden, wird es sich bewahrheiten, aber auch umgekehrt. Und so läuft es auch in allen anderen Bereichen, von der Gesundheit bis zur Wirtschaft. Schleppst du beispielsweise ständig einen Konflikt mit dir herum, manifestiert er sich irgendwann als Krankheit. Dein Körper will damit auf das Problem aufmerksam machen. Meist beginnt es mit kleinen Zeichen, kleinen Zipperlein, die dich nerven. Ignorieren wir sie, werden sie schlimmer. Die oft verkannte Ursache aber liegt in der Psyche. Bei diesem Gedanken gehen viele Menschen in Abwehrhaltung. **Das sei zu viel an Selbstverantwortung. In Wirklichkeit kann es ein Zuviel an Eigenverantwortung gar nicht geben.** Diese ist nämlich etwas ganz Wunderbares! Sie befreit uns aus der Ohnmacht, in der wir uns oft gefangen fühlen. Es ist so wichtig, zu erkennen, dass wir alles Gute, aber auch Schlechte, selbst in unser Leben gezogen haben. Denn die Konsequenz daraus ist, dass wir uns auch selbst wieder rausziehen können. **Wenn wir die Verantwortung für unser Leben abgeben, alles auf Pech oder höhere Gewalt schieben, entmachten wir uns, können uns selbst auch nicht helfen.** Das führt in dauernde Abhängigkeit und/oder Hilflosigkeit. Also auch, wenn es recht mühsam ist, sich bei allem selbst ins Spiel zu bringen, ist es ein großartiger Weg zur Befreiung und Selbstermächtigung! Und es bewahrt uns zudem vor weiterem Unglück. Denn, wie eingangs geschrieben: keine Lüge währt ewig. Irgendwann macht sie sich Luft. **Je eher man sich selbst als Grund erkennt und wirklich ehrlich zu sich ist, desto eher lässt sich echtes Glück ins Leben ziehen. Das Gute fällt nicht aus reinem Zufall den einen zu und den anderen nicht. Wir können es uns selbst schaffen!** Wir dürfen uns unser Lebensglück, unser Liebesglück, unsere berufliche Erfüllung und unsere Gesundheit selbst schenken. Dazu müssen wir „nur" unsere Seele ergründen. „Nur" steht deshalb unter Anführungszeichen, weil es gar nicht so einfach ist. Es braucht Übung und oft die Hilfe eines Außenstehenden. Im vorangegangenen Kapitel „Unser Spiegelbild ist überall!" findest du mögliche Anregungen dazu.

Mit der Zeit wirst du dich immer besser kennenlernen. Dieses Selbst-Ergründen ist nämlich nichts Einmaliges. Wir dürfen es ständig tun, uns immer wieder Zeit ganz allein mit uns selbst gönnen, um uns zuzuhören, in uns hineinzuhören. Spätestens, wenn in unserem Leben etwas nicht passt oder uns etwas widerfährt, bei dem wir sagen: „das gibt's doch einfach nicht, dass das nicht klappt", oder wenn dein

Körper immer wieder mit denselben kleinen Beschwerden auf sich aufmerksam macht... Lenke deine Aufmerksamkeit genau dorthin und stell dir Fragen wie: Könnte es sein, dass ich dieses Vorhaben gar nicht wirklich will? Kann es sein, dass ich ein Schuldgefühl dabei empfinde oder Angst vor den Konsequenzen habe? Verhindere ich dadurch unbewusst, dass es zum Erfolg kommt? **Oft zeigt sich, dass Alarmsignale von außen oder innen sehr wohl berechtigt waren. Dass es vielleicht nicht der richtige Weg war oder wir vorher besser etwas mit uns selbst hätten klären sollen, um uns für diesen Weg wirklich vorzubereiten.** Tut man dies nämlich nicht, verschwendet man Unmengen an Energie für etwas, das früher oder später sowieso scheitert. Genau deshalb, weil wir irgendwann vom Schicksal korrigiert werden. Weil sich Probleme potenzieren und weil eine Lüge nicht ewig währt.

„Das Leben meint es gut mit uns.
Dein Innerstes meint es gut mit dir."

Ruediger Dahlke brauchte drei Knochenbrüche und leidvolle Zeiten, bis er endlich erkannte, dass seine einst eingeschlagene Karriere als Schisportler nicht das Richtige für ihn war. **Im Moment empfindet man solche Schicksalsschläge oft als Strafe und ungerecht. Erst später begreift man, wie wichtig es war und wie einen diese unangenehme Erfahrung vor einem unglücklichen Leben bewahrt hat.**

Denn: Das Leben meint es gut mit uns. Dein Innerstes meint es gut mit dir. Es erfüllt dir stets deine tiefsten Wünsche, Überzeugungen und Glaubenssätze. Wenn du zum Beispiel tief im Innersten eigentlich in deinem Heimatland bleiben möchtest, du aber einen tollen Job im Ausland angeboten bekommen hast, von dem du denkst, dass du ihn unbedingt annehmen solltest, wird wahrscheinlich irgendetwas passieren, um dieses Vorhaben zum Scheitern zu bringen. Auch, wenn es so aussieht, als wäre das von außen gekommen, warst es im Grunde du selbst, der dich davor bewahrt hat. **Wer jedoch gleich ehrlich zu sich ist, erspart sich viele Umwege. Dasselbe Prinzip gilt auch für die Schuld.** Schlecht zu sein, zahlt sich nicht aus. Die Leichen im Keller kommen irgendwann ans Tageslicht. Meist verrät man sich selbst, bewusst oder unbewusst, weil einem die Last der Schuld einfach zu schwer wurde. Und wenn du jetzt an die korrupten Machthaber denkst: ja, auch die! Verraten sie sich nicht am laufenden Band?

Aus dem Leben von Ruediger Dahlke:

Als ich in die Grundschule kam, war mir richtig langweilig, und mein Vater tröstete mich, es würde alles besser auf dem Gymnasium, aber nicht wirklich. Dann sollte es auf der Universität interessanter werden, aber es war noch immer so viel auswendig zu lernen von – in meinen Augen – unwichtigem Zeug. In der Klinik sollte dann alles viel besser werden. Aber es wurde für mich schlimmer: statt für die Menschen sollten wir uns für die Zahlen engagieren, die wir aus ihnen herausholen konnten, alles drehte sich um Befunde und Maßnahmen. Typisch herablassende Aufträge wie: „Könnten Sie im Rahmen eines Ihrer langen Gespräche mal eine Infusion bei Patient XY anhängen?" verrieten, worum es ging: Reinstechen und dann rasch wieder raus. „Gedenken Sie, auch in Zukunft für 15 Blutabnahmen über eine Stunde zu brauchen?" war so eine Frage, die mir zeigte, dass hier die Devise war: „Blut her statt miteinander sprechen" und mir schwante, dass ich hier irgendwie ziemlich falsch war. Zwar hieß es wieder, später als Facharzt könne ich es dann halten wie ich wolle und dann werde alles besser. Aber tatsächlich hatte ich genug vom Verschieben auf später und weiteren Kompromissen.

Nach dem Klinik-Jahr ging ich ein Jahr auf Weltreise und schaute mir überall komplementäre Medizin an mit Schwerpunkt auf der Therapie der Seele und besuchte viele Geistheiler. Anschließend entschied ich mich für das, worauf ich am meisten Lust hatte und einen kompletten Neuanfang. Ich ging zu Thorwald Dethlefsen und arbeitete als Psychotherapeut mit der schon bei ihm gelehrten Reinkarnations- oder Schattentherapie. Ich habe diesen Schritt nie bereut.

Daraus entwickelte sich schon bald jene Psychosomatik, die von „Krankheit als Weg" bis „Krankheit als Symbol" und bis in spirituelle Dimensionen reichte. Hier fand ich auch schon bald zurück zur Medizin, aber nun zu meiner eigenen mit Fasten und Ernährungslehre und den anderen Säulen der Gesundheit nach Hippokrates. Mit den Jahren integrierte ich immer mehr in „meine" Medizin bis hin zu Romanen und später Filmen. Dass ich heute rückblickend mehr Filme als Pharmaka verschrieben habe, hat etwas Beruhigendes für mich und hat mir einen riesigen Schatz an Filmen beschert und viele Patienten zu ihrem Film geführt.

Der Rahmen verändert jedes Bild!
5

Wir alle kennen den Ausdruck „etwas durch die rosarote Brille betrachten". Darin steckt sehr viel Wahrheit. Denn wir entscheiden selbst, wie wir etwas sehen. **Die Dinge, die jetzt sind, sind. Das, was jetzt ist, kannst du nicht ändern, denn es ist jetzt da. Aber du kannst die Perspektive ändern, mit der du auf die Dinge blickst.** Plötzlich verändern sich diese Dinge und Situationen, wenn du sie in einem anderen Rahmen oder in einem anderen Licht betrachtest, und auf einmal geht es dir besser. Es funktioniert wie bei einem Bild. Wirkt ein Bild nicht völlig anders im Kerzenschein als bei Tageslicht oder im weißen Rahmen statt im schwarzen? Genauso funktioniert es bei uns im Kopf. Das hat nichts mit Schönreden oder Selbstbelügen zu tun, irgendeine Perspektive nimmst du sowieso ein. Es könnte ja genauso die schlechte Perspektive einer Lüge sein. Nein, schönreden geht nicht. Entweder es gibt schöne Seiten, die du sehen kannst, oder nicht. Und gute Seiten gibt es immer. Wichtig ist dabei, zu unterscheiden, ob wir von veränderbaren Dingen sprechen oder eben von Dingen, die jetzt da sind. Das, was jetzt in diesem Moment da ist, kannst du nicht verändern, sondern nur das, was daraus im nächsten Moment wird. **Auf die Dinge, die jetzt sind, kannst du deinen Blick verändern. Die Dinge, die kommen werden, kannst du selbst verändern.**

„Allein die Wortwahl in deinem Kopf ändert bereits deine Stimmung, gibt dir Hoffnung, Freude und Kraft."

Das ist der Schlüssel zum Glücklichsein! Ist die Tasse halb voll oder halb leer? Ist das Obst überreif oder faulig? Ist eine geflickte Tasse einfach beschädigt oder eigentlich wertvoller als eine neue, weil sie mühsam repariert wurde? Das bestimmst ganz allein du! Du fällst dein Urteil über Dinge und Umstände und das kannst du jederzeit überdenken. Das klingt zu einfach? Nein, es ist so einfach. **Denn wir bewerten alles, immer, automatisch. Aber warum sollten wir das unserem Autopiloten überlassen, wenn unser Bewusstsein das viel besser kann?** Versuch es selbst: denke an irgendetwas in deinem Leben, ganz gleich was. Der innere Kommentator ist sicherlich mit dabei und kommentiert gerade das, woran du denkst. Auch, wenn es nur Gefühle sind und keine Worte, auch Gefühle sind Kommentare. Sind diese negativ oder positiv? Wenn sie negativ sind: was könnte der positive Aspekt an dem Ganzen sein? Wie verändert sich deine Stimmung, wenn du nun einen anderen Blickwinkel einnimmst? Versuche es beispielsweise mit Dankbarkeit, dankbar sein, auch für vermeintlich schlechte Erfahrungen, aber vor allem für das Gute in unserem Leben, von dem es so viel gibt. Hilfreich ist ebenso ein kleiner Trick: Gib den Dingen einen anderen Namen! Ist es ein Problem oder eine Herausforderung? Ist es ein Regentag oder ein Entspannungstag? **Allein die Wortwahl in deinem Kopf ändert bereits deine Stimmung, gibt dir Hoffnung, Freude und Kraft. Du siehst die Welt mit eigenen Augen, du denkst dir die Welt mit eigenen Worten und so fühlst du auch.** Du kannst dir auch rein mit deinem Denken über die Dinge eine ganz neue Welt, ein ganz neues Leben schaffen, ohne, dass sich irgendetwas ändern MUSS – es sei denn, du willst es!

Wir laden dich ein, künftig öfter auf deinen inneren Kommentator zu achten, und bewusst selbst diese Rolle zu übernehmen. Das kannst du nicht nur für dich selbst, sondern auch für andere machen.

Du kannst auch anderen helfen, Dinge in einen anderen Rahmen zu setzen. Am besten funktioniert dies anstatt trockener Erläuterungen mit Geschichten, so wie die folgenden…

Aus dem Leben von Ruediger Dahlke:

Auf TamanGa haben wir noch alte Hochstamm-Obstbäume, deren Früchte, vom langen Sturz angeschlagen und ohne Chemie oft wurmstichig, nicht gern gegessen wurden. Bis ich in meinen Seminaren erklärte, dass wir alle auf unsere Art von manchen (Ab)Stürzen angeschlagen seien und auch bei uns oft der Wurm drin ist und das ein gutes Zeichen für ungespritzt sei. Deshalb träfen wir uns doch überhaupt zur Reparatur in TamanGa, um zu heilen. Dieses Finden eines neuen Rahmens ließ die Äpfel und Birnen ungleich schmackhafter erscheinen.

Etwas Ähnliches passierte auch beim Geschirr auf TamanGa. Rabiate moderne Geschirrspüler und Unachtsamkeit führten zu einigem Schaden am Geschirr. Von der Zen-Philosophie mit Kintsugi, der kunstvollen Reparatur vertraut, schliff ich am Ende der Saison diese Scharten und besserte sie mit Goldfarbe aus. Zuerst beschwerten sich Gäste darüber. Als ich sie aber mit Kintsugi, der Tradition der kunstvollen Reparatur, vertraut machte, wodurch eine gebrochene Tasse ungleich wertvoller wird, und ihnen erklärte, dass ein gebrochener und geheilter Knochen viel fester ist als vorher und wir selbst doch auch durch Therapien und entsprechendes Ausbessern von geschlagenen Scharten wachsen und reifer werden, wandelte sich das. Als sie obendrein erfuhren, dass ich selbst so viel Zeit auf solche Reparaturen verwandte, gab es einen direkten Run aufs ausgebesserte und folglich bessere Geschirr. Es erschien nun plötzlich deutlich wertvoller, so wie wir nach unseren zahlreichen Reparaturen.

Es ist nie zu spät für einen besten Freund!
6

Wir brauchen Freunde, wir brauchen eine Gemeinschaft. Das wissen wir im Grunde unseres Herzens. Der hektische Alltag aber lässt uns das allzu leicht vergessen. Je älter wir werden, desto weniger Freunde haben wir. Denn Freundschaften aufzubauen und zu pflegen, das braucht Zeit und Energie und beides haben wir nicht im Übermaß. **Wir entscheiden, wo wir unsere Zeit und unsere Energie einsetzen und dabei kommen Freundschaften oft zu kurz. Dabei sind sie für unser Glück und auch unsere persönliche Entwicklung so immens wichtig.** Ein wirklich guter Freund ist uns ein ständiger Spiegel, eine Vertrauensperson, von der wir uns etwas sagen lassen, jemand, der uns sehr gut kennt und uns Dinge über uns selbst aufzeigen kann, die wir selbst oft im Moment nicht sehen. Ein Freund hat einen anderen, etwas neutraleren Zugang zu uns als beispielsweise unser Partner oder andere Familienmitglieder. **Zu guter Letzt ist das Leben einfach mit mehr Freude erfüllt, wenn man Freunde hat, mit denen man Feste feiern und Erlebnisse teilen kann und diese Freude potenziert sich in der Welt.**

„Ich komme ganz gut allein klar", denken sich einige vielleicht und das ist auch gut so. **Allein sein zu können, ist etwas essentiell Wichtiges.** Wir brauchen die Stille, die Ruhe, die Zeit mit uns allein. Etwas, das leider viele nicht schaffen, weil sie das Alleinsein mit sich selbst scheuen wie die Katze das Wasser. Zu viel könnte hochkommen, das man eigentlich unterdrücken möchte. Zahlreiche der Lebensweisheiten in diesem Buch fußen auf einer wichtigen Eigenschaft: der Fähigkeit, sich und seine eigenen Bedürfnisse zu kennen und ernst zu nehmen. Dazu kommt man erst, wenn man die Angst vor dem Alleinsein überwunden hat. **Oft aber wird Alleinsein mit Einsamkeit verwechselt. Das sind zwei ganz unterschiedliche Dinge.** Wir können unzählige Freunde haben und trotzdem viel allein sein – weil wir das so wollen. Wir können uns aber auch sehr einsam fühlen, obwohl wir viele (unechte) Freunde haben. Und das Alleinsein kann uns auch, obwohl wir es eigentlich gut können, zu viel werden und dann in Einsamkeit umschlagen.

Meist merken wir erst, dass wir keine Freunde haben, wenn wir sie brauchen würden. Sei es, dass es wirklich keine Personen im Umfeld gibt oder nur solche, die sich in Krisen-Momenten als falsche Freunde entpuppen. Beides hätten wir aber auch schon erkennen können, bevor es uns schlecht geht, wenn wir stärker darauf geachtet hätten.

Du denkst nun vielleicht: ja, aber jetzt ist es zu spät, mir Freunde zu suchen. Streiche diesen Gedanken, denn er ist falsch! **Es ist nie zu spät für einen besten Freund!** Natürlich wird es nicht leichter, je älter wir werden, da jeder bereits seine festgefahrenen Routinen in seinem Leben hat. Die Zeit ist meistens zugekleistert, kaum mehr ein Fenster für Unerwartetes offen. Eine neue, zusätzliche Person, für die man dann auch noch Zeit und Energie aufwenden sollte, kann man hier nicht mehr reinzwängen. **Darum ist es wesentlich für dein Glück, dem Leben stets offen gegenüberzustehen, stets bereit zu sein, Neues in dein Leben zu lassen.** Und es gibt auch andere Menschen, die so leben – **ihr werdet euch finden!**

Im Versuch, neue Freunde zu finden, schlagen wir gleich mehrere Fliegen mit einer Klappe (auch wenn diese Redewendung etwas unschön ist). **Man findet Freunde, die zu einem passen, nämlich genau** dann, wenn man seinen Interessen folgt und sein Leben nach seinen Wünschen und Bedürfnissen lebt. Etwas Unumgängliches am Weg zum Lebensglück.

Je älter wir werden, desto schwerer fällt es uns aber leider auch, Kontakte zu knüpfen. Jemanden um seine Telefonnummer zu bitten mit der Aussicht, eine Freundschaft aufzubauen. Vielen ist das irgendwie peinlich. Niemand will eingestehen, dass er einen Freund sucht – was in jungen Jahren kein Problem ist. **Nehmen wir uns auch hier ein Beispiel an kleinen Kindern.** Es ist eine Freude, sie dabei zu beobachten, mit welcher Leichtigkeit sie neue Bekanntschaften schließen. Warum sollte das auch peinlich sein? Wir leben alle in einer großen Gemeinschaft, wir sind alle auf eine Weise miteinander verbunden, wir sind alle Menschen und haben dieselben Grundbedürfnisse und dazu zählen nun einmal Sozialkontakte. **Es ist vielmehr mutig als peinlich, auf andere zuzugehen und sein Bedürfnis nach Gemeinschaft offenzulegen.**

Es ist ohnehin ein Unding unserer Zeit, dass wir einander derart fremd sind. Dass es nicht mehr selbstverständlich ist, dass man anderen Menschen auf der Straße, im Geschäft oder im Bus in die Augen sieht oder mit ihnen ein Gespräch beginnt – noch dazu mit einem FREMDEN! Unvorstellbar... Es ist eine Schande, dass es en vogue ist, dass man auf den Boden blickend aneinander vorbeigeht, sich niemand für den anderen interessiert. Gerade in Städten ist diese Individualisierung schrecklich und die Digitalisierung hat dies im Eiltempo vorangetrieben. Wieso echte Freunde, ich habe doch tausende auf Facebook?!

„Wir dürfen nun Gemeinschaft wieder lernen und wieder neu entdecken."

Viele haben verlernt, was Gemeinschaft bedeutet. Noch schlimmer: sie haben verlernt, dass sie ein Teil davon sind. Als Konsequenz arbeitet jeder gegen jeden ohne Rücksicht auf das Ganze, das sie damit schwächen. Indem sie die Gemeinschaft schwächen, schwächen sie aber auch sich selbst. **Wir dürfen nun Gemeinschaft wieder lernen und wieder neu entdecken: das Teilen, das Zusammenleben und aufeinander Rücksicht nehmen, die Grenzen und das Eigentum der anderen zu respektieren, achtsam mit gemeinsamem Guten umzugehen.** Das ist mühsam und zäh und ein großer Lernprozess, denn jetzt sind wir davon weit entfernt. So zu handeln war auch nicht mehr notwendig – so schien es zumindest.

Immer mehr dämmert es aber, dass wir gemeinsam doch viel stärker wären und steuern dagegen. **Es gibt bereits eine große Gegenströmung zur Vereinzelung und Isolation. Du kannst ein Teil davon sein!** Du kannst im Kleinen beginnen, indem du Freundschaften aufbaust, Gruppen oder Vereine gründest und vieles mehr. Wir brauchen andere Menschen und sie brauchen uns. Gemeinsam lebt es sich doch viel schöner. **Schauen wir wieder mehr aufeinander und dann geht es auch uns selbst besser!**

Aus dem Leben von Ruediger Dahlke:

Für die Griechen der klassischen Antike war die Freundschaftsliebe Philia eine der drei wichtigsten Formen der Liebe. Sie stand zwischen der erotischen und der Gottesliebe Agape. In unserer Zeit der Moderne ist die Freundschaft zu einer besten Freundin, einem besten Freund scheinbar nicht mehr so wichtig, viele haben gar keine besten Freunde mehr.

Dabei ist die beste Freundin, der beste Freund bis heute eine Art Schutzschild, besonders auch bezüglich moderner Krankheitsbilder wie Burn-out. Während ich viele Burn-out-Patienten behandelte und sogar ein Buch darüber schrieb, fiel mir auf, dass kaum einer mit bestem Freund darunter war. Wer eine beste Freundin hat, wird sich sogleich und rasch an sie wenden, wenn das Leben und besonders die Arbeit für die Seele keinen Sinn mehr ergibt. Bis wir damit zu einem Psychotherapeuten oder gar Psychiater gehen, mag es schon viel zu spät sein.

Was aber ist ein bester Freund? In der Geld-Welt-Religion setzt der Volksmund eine harte Grenze, sagt er doch: „Beim Geld hört die Freundschaft auf." Dann steht diese also in der Geld-Welt-Religion unter dem Wichtigsten, dem Geld. Eine beste Freundin, ein bester Freund sollten aber – schon sprachlich – darüber stehen, sonst kann der Superlativ des Besten nicht stimmen. Die Älteren werden wohl entschieden dieses Gefühl haben, dass der oder die Beste an höchste Stelle gehören.

Als TamanGa in die (Finanz)Krise geriet, weil sich meine Fans nur zum kleinen Teil zu „Peace Food" bekannten und die Mehrheit gar nicht daran dachte, auf vegan umzusatteln, sondern es boykottierte, standen wir bald mit dem Rücken zur Wand. Die Finanzmisere sprach sich herum, und ich hatte den Eindruck, einige bisherige Freunde gingen mir eher aus dem Weg, wohl aus Angst, angepumpt zu werden. Das hatte ich gar nicht beabsichtigt, aber schlechte Nachrichten sprechen sich ja rasch herum.

Nur mein bester Freund, Kurt, schmiedete Pläne mit mir, um aus dieser Sackgasse herauszufinden. Einen weiteren hatte ich gar nicht auf dem Schirm, denn meine beiden besten Freunde waren früh vorausgegangen.

Aber bei einem Kongress, wo uns nur die Treuesten nach TamanGa gefolgt waren, traf ich Jürgen Fliege wieder einmal, den ich von zahlreichen Talkshows im Fernsehen kannte, bei denen ich sein Gast war. Gänzlich unerwartet kam er auf mich zu, setzte sich zu mir und sagte ebenso unvermittelt wie unerwartet: „Mit Dir teile ich bis zum letzten Hemd, wenn Du Geld brauchst, sag's." Ich war sprachlos und bedankte mich be- und gerührt. Dieser Satz hat unser Verhältnis mit einem Streich verändert. Ich wusste, ich hatte plötzlich einen richtigen Freund gefunden, einen besten sogar. Und das war schon so lange nicht mehr passiert.

Der damaligen Krise bin ich insofern dankbar. Das Geld-Prinzip der modernen Banken habe ich dadurch verstanden und weiß jetzt, was Ober-Bank(st)er sind. Bankiers, die Dir die Zinsen innerhalb eines Jahres, weil Deine Bonität mit 60 so drastisch sinkt, von 1,2 auf 3,9 Prozent erhöhen und vom Kredit eine halbe Million fällig stellen.

Aber was ist der Verlust einer Bank gegen den Gewinn eines Freundes? Und wahrscheinlich hatte ich ihn – ohne es zu wissen – schon lange vorher.

Was wäre überhaupt, wenn da noch viele Freunde wären, alle auf dem Sprung, sich als Freunde zu offenbaren? Tatsächlich habe ich inzwischen verstanden, wie unglaublich wichtig beste Freunde sind und eine Gemeinschaft, die einen trägt. Da kommen wir her, da gehören wir hin. In „Corona als Weckruf" habe ich mir diese Erkenntnisse von der Seele geschrieben.

Es gibt kein Warten, nur ungenutzte Zeit!

„Lebe jeden Tag, als wäre es dein letzter" oder „Heute ist der erste Tag vom Rest deines Lebens" – sind diese Sprüche nicht unglaublich abgedroschen? Aber obwohl wir sie gefühlt schon tausendmal in unserem Leben gehört oder gelesen haben: leben wir auch danach? Nur wenige können das womöglich von sich behaupten. **Die meisten Menschen leben, als hätten sie ewig Zeit. Obwohl unsere Zeit das Kostbarste ist, behandeln wir sie nicht kostbar.** Wir verschwenden sie, wir vertreiben sie, wir lassen sie uns nehmen. Je älter wir werden, desto mehr wird uns die Vergänglichkeit klar, dann aber ist bei vielen der Wille und die Kraft nicht mehr da, um all die Zeit aufzuholen (und das ist auch gar nicht möglich).

> *„Wenn wir sagen, dass wir für dieses und jenes keine Zeit haben, so ist es in Wahrheit oft die Energie oder die Lust, die uns fehlt."*

Viel besser wäre es, schon deutlich früher den Wert der Zeit zu erkennen. Nun entgegnest du vielleicht: ich kenne den Wert, aber ich habe einfach zu wenig davon. Das ist etwas, das man sehr oft zu hören bekommt. **Etliche Menschen beschweren sich tagaus, tagein darüber, dass sie keine Zeit haben.** Vor allem keine Zeit für die wirklich wichtigen Dinge wie für sich selbst – und zwar wirklich nur sich selbst, allein mit seinen Gedanken. Sieht man aber genauer hin, verschwenden wir viel zu viel Zeit wie beispielsweise beim Fernsehen oder beim Handy-Wischen durch die Sozialen Medien. Ist das wirklich wichtiger als eine halbe Stunde oder gar eine ganze für sich selbst? Wohl kaum… **Wenn wir sagen, dass wir für dieses und jenes keine Zeit haben, so ist es in Wahrheit oft die Energie oder die Lust, die uns fehlt.** Wir haben am Abend einfach keine Kraft und keine Lust mehr, etwas Gehaltvolles zu tun. Es ist also oft nicht das Mehr an Zeit, das wir bräuchten, sondern das Mehr an Energie. Richten wir unseren Blick also vermehrt darauf, was uns den ganzen Tag so viel Energie raubt. Am meisten sind es die Dinge, die wir wider unseren Willen und ohne Freude tun. **Denn alles, das wir mit Freude tun, gibt uns letztlich Kraft, auch wenn es im Moment anstrengend ist.**

Aber kommen wir zurück zur Zeit und zur Frage, wie wir wieder mehr davon bekommen. Die Antwort ist: **finden wir unsere Zeiträuber. Einer der ganz großen Zeiträuber ist das Warten.** Ein Wort, das du am besten gleich aus deinem Wortschatz streichen darfst. **Denn es gibt kein Warten, nur ungenutzte Zeit.** Für viele Menschen ist Warten ein wahrer Graus. Ob es nun auf ein Ereignis oder eine Person ist. Wenn andere zu spät kommen, steigt bei vielen mit jeder Minute, die vergeht, der Puls. Anstatt die Minuten sinnvoll zu füllen, verwenden wir sie für Wut und Ärger und lassen uns damit Energie und Zeit rauben. Es macht uns wütend, weil wir nicht wollen, dass uns jemand Zeit stiehlt – wir haben ja zu wenig davon. Wenn wir jedoch umdenken, kann uns niemand mehr Zeit stehlen. Eine Person kann dies nur in dem Moment, in dem wir auf sie warten. **Wenn wir nicht mehr warten, sondern diese Zeit sinnvoll nutzen, gehört die Zeit wieder uns.**

Oft sind wir aber überrumpelt, wenn wir unerwartet warten, wie es ja bereits im Wort selbst steckt. Dem können wir entgegenwirken, indem wir uns Dinge genau für solche Situationen zurechtlegen. Wir können Atemübungen oder Beckenboden-Übungen machen, wir können immer ein Buch dabeihaben, wir können einfach einmal die Zeit zum Nachdenken nutzen und froh sein, dass wir unerwartet Zeit für uns geschenkt bekommen. **Wer wach lebt, dem ist nicht langweilig und wem nie langweilig ist, der wartet auch nie.**

Wir warten aber nicht nur im Alltag, sondern sehr oft auch in unserem Leben: nämlich auf den besseren Moment. Dabei wäre der Moment jetzt nicht falsch, wir finden nur etliche Ausreden dafür, warum wir etwas lieber auf später verschieben. Wenn die Kinder groß sind, wenn wir in Pension sind, wenn die Welt wieder ein besserer Ort ist, etc... **Das Problem dabei ist aber, dass wir nie wissen, was kommen wird. Wir wissen nicht, ob wir unser Vorhaben dann in der Zukunft noch durchführen können. Wir wissen einfach nicht, und das wollen wir gar nicht hören, ob wir dann noch leben.** Die Sätze am Beginn dieses Kapitels sagen genau das aus.

Die Zeit sinnvoll zu nutzen bedeutet einerseits, Macht über die eigene Zeit zu haben. Jeden Moment wach zu leben und sich nicht treiben und lenken zu lassen, sondern selbst zu entscheiden. Und es bedeutet andererseits, die Zeit so zu nutzen, dass wir weiterkommen. Weiterkommen in unserer persönlichen Entwicklung, in unserem Beruf, in unserer Familie, am Weg zu einer besseren Welt – es gibt immer etwas, das sich weiterentwickeln darf. Aber auch zu ruhen fällt unter „Zeit sinnvoll nutzen", denn du holst dir aktiv eine Auszeit, die du brauchst. Seine Zeit zu nutzen, muss nichts Anstrengendes sein, nur etwas, das dir etwas gibt und nicht nimmt.

Um seine Zeit wirklich effektiv einzuteilen, kann eine Wochen- und Tagesplanung sehr hilfreich sein. Auch das ist eines der Geheimnisse von erfolgreichen Menschen – sie definieren kleine und große Ziele. Pläne sind in Wahrheit Wege zu Zielen, die du steckst. Und Ziele motivieren, geben Kraft, Struktur, Orientierung und Effizienz. Und sie helfen dir, auch unerwartete Zeitfenster für dich zu nutzen. Warten ist von nun an ein Fremdwort!

Aus dem Leben von Ruediger Dahlke:

Wie wir Dinge und Geschehnisse betrachten, hängt ganz von uns ab. Aus dem „Mind-Food"-Set können wir „Re-framing" zu unseren Gunsten nutzen. Als J.F. Kennedy kurz vor der Wahl hoffnungslos hinter Richard Nixon zurücklag, änderte sein Wahlkampfmanager den Rahmen. Er plakatierte das Konterfeit des Gegners Nixon mit der Aufschrift „Würden Sie von diesem Mann einen Gebrauchtwagen kaufen?" Viele Amerikaner wollten ihn – laut Voraussage – offenbar durchaus wählen, aber seine Visage hätte sie abgehalten, ihm beim Gebrauchtwagen-Kauf zu vertrauen. Durch diesen Rahmen-Wechsel gewann Kennedy hauchdünn.

Reframing ist ein gut brauchbares Werkzeug. Auf jemanden, der mich warten lässt, kann ich sehr wohl wütend sein, denn er setzt mich herab, hält sich offenbar für wichtiger als mich. Oder ich ändere den Rahmen: Wer mich warten lässt, der schenkt mir Zeit. Persönlich war mir noch nie langweilig im Leben. Ich kann immer über ein Thema meiner Wahl nachdenken. Oder ich kann einfach meditieren und mich auf den Augenblick des Hier und Jetzt einstellen.

Gibt es etwas Langweiligeres, als 9 Tage lang auf seinem Steiß zu sitzen, vor sich auf den Boden zu schauen und seine Atemzüge bis 10 zu zählen, um dann wieder von vorn anzufangen? Oder gibt es etwas Spannenderes, als sich 9 Tage für sich und seine Bewusstseins-Entwicklung Zeit zu nehmen? Sich die Chance eines Befreiungs- oder Erleuchtungs-Erlebnisses zu schenken?

Das Thema „Warten" ist für Ärzte immer eine Herausforderung. Patienten sind per Definition Geduldige, sie haben geduldig zu warten, bis sie an der Reihe sind. Ärzte wollen aber nie warten. Sie organisieren ihr Berufsleben immer so, dass die anderen warten müssen und die Geduldigen sind.

Eine schöne Übung ist, seine eigenen Wartezeiten in den neuen Rahmen eines Zeitgeschenkes zu stellen. Zeit ist tatsächlich das Wichtigste, das wir haben. Ich bekomme so viele Bücher geschenkt, und ich liebe Bücher wirklich sehr. Aber was nützen sie mir, wenn ich die Lesezeit dazu gar nicht habe und auch nicht bekomme?

Eine schöne Reframing-Übung ist auch, den Feierabend wieder in den schönen Rahmen einer Feier zu stellen, wie es früher offenbar üblich war. Nach vollbrachtem Tagewerk können wir uns die Zeit nehmen, die Abende zu genießen.

Die Zeit-Film-Serie aus dem Buch „Hollywood-Therapie – was Spielfilme über unsere Seele verraten" ist eine ideale Möglichkeit, das Geheimnis der Zeit bis in seine Tiefen zu erforschen und die jeweiligen Filme zur Feier des Abends zu nutzen.

Der Film „Für immer Adaline" kann dich von der Unlust zu altern befreien; nach „Der seltsame Fall des Benjamin Button" willst du sicher nicht mehr jünger werden. „Alles eine Frage der Zeit" kann mehr als eine gute Psychotherapie bewirken, sofern du diesen im wahrsten Sinne des Wortes wundervollen Film ernst nimmst und in seinen phantastischen Möglichkeiten nutzt.

Lila, das kosmische Spiel, nennen Inder das Leben. Erkennen wir das Leben als Spiel und lernen wir seine Spielregeln, kann das alles zum Besseren wenden. Spielfilme können dann die große Chance werden, sich im Leben zurecht und seinen Weg hindurch zu finden.

Alles fängt mal klein an!

Ich las mit meiner Tochter kürzlich ein Kinderbuch über den Wald. Darin waren kleine Bilder, die die Größe eines Tannenbaums im jeweiligen Alter zeigten. Meine Tochter und ich waren beide erstaunt, wie winzig klein dieser Baum, der einmal so mächtig werden wird, nach einem Jahr noch ist. Kaum als Baum erkennbar. Nach langen vier Jahren ist er noch nicht mal so groß wie meine Tochter im gleichen Alter. Aber irgendwann wächst er über sie hinaus und wird sie, wenn man ihn lässt, vermutlich überleben. Denn Tannen können je nach Art mehrere hundert Jahre alt werden. Ihr Leben aber beginnt mit einem winzig kleinen Samenkorn. Von da an wächst der Baum beständig, immer weiter und weiter, und nur so viel, wie er erträgt. Aber was kümmert eine Tanne auch die Zeit.

> *„Uns fehlt oftmals schlicht die Vorstellungskraft, etwas ganz Kleines groß zu denken."*

Warum aber nun dieser kleine Ausflug in die Botanik? Um zu veranschaulichen: **Alles fängt mal klein an. Auch alles, das irgendwann einmal so groß wird, dass man sich gar nicht mehr vorstellen kann, wie klein es einmal war.** Und obwohl du diese Sätze „Alles fängt mal klein an" und „Alles braucht seine Zeit" sicher bereits oft gehört hast und sie in diesem Moment als Binsenweisheiten abtust, sind es doch sehr wichtige Lebensweisheiten, an die wir uns ständig erinnern sollten. Warum? Weil wir durch unsere Ungeduld oft viele Dinge unterschätzen und deshalb nicht genug fördern, viele Möglichkeiten nicht erkennen, viele Chancen verstreichen lassen, vielem nicht die Zeit geben, die es braucht. **Uns fehlt oftmals schlicht die Vorstellungskraft, etwas ganz Kleines groß zu denken.** Was helfen kann, ist sich immer wieder die kleine Tanne vorzustellen. In sie hineinzufühlen, diese Geduld, Gelassenheit und Beständigkeit zu spüren. Sie verliert nicht den Mut, denn sie weiß: sie wird einmal ganz groß herauskommen.

Jedes Projekt, jedes Vorhaben fängt zuerst klein an. Ganz am Anfang steht nur eine Idee. Dieser Gedanke ist nicht nur für unser eigenes Fortkommen wichtig, da wir dadurch die Kraft schöpfen, weiterzumachen. Dieser Gedanke ist auch angesichts der globalen Entwicklungen wichtig. Wenn wir den Mut verlieren und denken, diese Welt wird sich nie zum Guten verändern, die korrupten Charaktere, die heute an der Macht sind, sind zu mächtig. Wenn wir denken, wir sind zu klein und zu wenige, um etwas zu verändern, dann wird sich nichts wandeln. **Aber auch die heutigen Eliten waren einmal ganz klein. Alles, was sie aufgebaut haben, begann klein. Das hat sie nicht davon abgehalten, weiterzumachen.**

ABER, und das ist hierbei ganz besonders wichtig: **klein ist etwas anderes als schlecht.** Das besagt auch das „Gesetz des Anfangs", das dritte der von Ruediger Dahlke angeführten „Schicksalsgesetze". Auch er zieht den Vergleich zum Baum und sagt: „In jedem befruchteten Samen steckt schon der ganze Baum. Obwohl nur das drittwichtigste der ‚Schicksalsgesetze', kann es uns doch sehr helfen, in jedem Anfang schon den weiteren Verlauf zu erahnen." **Es hat sich etwa sehr bewährt, lieber neu und besser zu beginnen, als einen schlechten Start mit sich zu schleppen.** Klein ist kein Problem, schlecht schon. Wenn etwas schon ganz am Beginn hakt und zwickt, ständig etwas schiefläuft und das Ganze nicht an Fahrt aufnimmt, dann ist es besser, es sein zu lassen. Das ist auch eine Weisheit, die viele erfolgreiche Personen in ihrem Leben befolgten, wenn man sie nach den Geheimnissen ihres Erfolgs fragt. **Probleme lösen sich nicht einfach in Luft auf, im Gegenteil, sie potenzieren sich.** Du schleppst den Ballast mit und er wird immer größer und schwerer. Da gilt ein ebenso bekannter Grundsatz: Lieber ein Ende mit Schrecken als ein Schrecken ohne Ende. Aber das muss und darf uns nicht die Hoffnung nehmen. Etwas loszulassen ist ein starker und selbstbestimmter Akt, der Kraft verleihen kann. **In jedem Neubeginn liegt ein Zauber, der uns wieder neuen Mut gibt. Jedes Scheitern lässt uns neue Erkenntnisse gewinnen.** Erkenntnisse, die wir dringend brauchen, um künftige Fehler zu vermeiden. Beharrlichkeit ist ebenso ein Zauberwort der Erfolgreichen. Auch, wenn es mehrere Anläufe braucht: dranbleiben und das Ziel immer vor Augen haben! Um nochmals zum Baum zurückzukehren: Wie viele Samen muss ein Baum der Erde schenken, damit ein einziger neuer Baum daraus heranwächst?

Aus dem Leben von Ruediger Dahlke:

Fast mein ganzes Arztleben lang hatte ich von einem idealen Seminar-Zentrum geträumt und mich nicht getraut, es zu verwirklichen. Ich hatte für mein Gefühl noch zu wenig Geld, denn Schulden zu machen verbot mir meine Erziehung, die sich diesbezüglich zu einem soliden Über-Ich gemausert hatte. Außerdem rieten mir alle, die im Gegensatz zu mir Ahnung von Geldangelegenheiten hatten, dringend davon ab, das sei noch immer schiefgegangen und die denkbar schlechteste Geldanlage. Sie behielten Recht, es war eine denkbar schlechte Geldanlage, und schlimmer noch – jedenfalls die ersten 10 Jahre – das prophezeite Geldgrab. Aber sie hatten auch Unrecht, denn es hat mir und anderen schon viel Freude geschenkt und mich noch viel mehr gelehrt.

Mein Wunsch war jedenfalls zu stark, um ihn ein Leben lang zu unterdrücken, und so entstand TamanGa an einem alten Ort aus alten Häusern, aus Ruinen und teilweise ganz neu. Fertiggestellt, wuchs es anfangs überhaupt nicht wie erwartet. Ich ging wohl für die Mehrheit meiner Anhänger zu weit und setzte gegen viele gut gemeinte Ratschläge strikt vegane „Peace Food"-Kost als verbindlich durch. Dadurch verlor ich nicht nur über die Hälfte meiner Anhänger, sondern erstmals nach drei Jahrzehnten wurden auch meine Seminare nicht mehr voll. Es dauerte deutlich länger als erwartet, bis junge, mutigere Seminar-Teilnehmer nachwuchsen, die sich trauten, die Vorteile pflanzlich-vollwertiger Kost für ihre Entwicklung zu nutzen. Ziemliche Beharrlichkeit, von anderen gern als Sturheit bezeichnet, war nötig, um die vegane Schiene durchzuhalten und nicht umzufallen. TamanGa rechnete sich 10 Jahre lang einfach gar nicht, und ich rechnete es anders und finanzierte es über Bücher und Ausbildungen quer. Aber die „Peace Food"-Gemeinschaft wuchs doch und selbst frühere Anhänger kamen vereinzelt zurück, wohl als sie merkten, dass ich nicht aufgab, sondern es neu und schließlich sogar erfolgreicher weiterging.

Ein Journalist schrieb vor vielen Jahren: „Dahlke erfindet sich immer wieder neu". Ich fand tatsächlich immer wieder neue Bereiche in der Medizin und diese enthüllten mir neue Seiten an mir selbst. Heute mit 72 zurückschauend, war es ein Segen, dass ich alles immer zuerst bei mir selbst ausprobierte, sozusagen ganz klein anfing, und nur beibehielt und verbreitete, was es wert war. Das galt nicht nur für naturheilkundliche Mittel wie Amorex und Senevit, sondern auch für meine Tätigkeiten. Die ersten 10 Jahre TamanGa lehrten mich, zwischen Hotelier und Therapeut zu unterscheiden und erkennen, warum die Verbindung so oft scheiterte. Beides passt einfach schlecht zusammen. Ein Hotelier lebt von seiner Höflichkeit, ein Therapeut aber von seiner Ehrlichkeit. Die ist aber oft nicht leicht zu nehmen, sondern meist unangenehm. Was soll ich einer 65-Jährigen sagen, die mich entrüstet fragt, ob ich tatsächlich glaube, sie sei schon in der zweiten Lebenshälfte? Ich entschied mich ganz klar für den Therapeuten und delegierte den

Hotelier, auch wenn ich etwas Höflichkeit von meinem kurzen Fehlversuch mitnehmen konnte.

„Krankheit als Weg" war ein kleiner und mit den Anführungszeichen an Anfang und Ende auch zaghafter Versuch, eine umfassendere Psychosomatik einzuführen, der sich enorm entwickelte und große Wellen schlug. „Peace Food" ebenso. Aber auch „Bewusst fasten" begann so klein und lebt nach 45 Jahren immer noch munter weiter in vielen Kursen und Auflagen und vielfach und mit Beharrlichkeit überarbeitet und verbessert. Am kleinsten begann „Mandalas der Welt", für dessen Veröffentlichung ich viele Verlagsklinken putzte und mir Körbe holte. Schließlich brachte es der befreundete Verleger Gerd Riemann wohl vor allem mir zuliebe heraus und löste damit die erste Mandala-Welle aus. Ähnlich der zugehörige Mal-Block, den mein Schwager Robert definitiv mir zu Gefallen drucken ließ und der seinem Verlag und vielen Nutzern vielhunderttausendfach zugutekam. Diese kleinen, im Mainstream hoffnungslos erscheinenden Impulse haben sich sehr bewährt – in Verbindung mit einer Portion Beharrlichkeit.

Vor Jahren musste ich für meinen eigenen Vortrag auf einem Kongress anstehen, da der Einlass so eng war. Vor mir stand eine junge Frau, zu der eine ältere von der Seite kam und sie fragte: „Wo gehst du denn hin?" „Zum Dahlke", antwortete die Jüngere. „Ja, lebt der noch?", fragte verblüfft die ältere. Ich konnte ihr das bestätigen und erfreue mich heute in der spirituellen Gesundheits-Szene immer noch dankbar einer gewissen Lebendigkeit. Zu verdanken habe ich das wohl vor allem vielen kleinen Neuanfängen, die ich mit Beharrlichkeit weiter verfolgte.

Wenn es läuft, dann läuft's!

Was will ich eigentlich wirklich? Was soll ich tun? Was soll ich mit meinem weiteren Leben anfangen? Wie soll ich es tun? Kennst du diese Fragen? Wahrscheinlich nur allzu gut, denn nahezu jeder stellt sich diese im Laufe seines Lebens. Nicht nur einmal, sondern mehrmals, denn in jeder neuen Lebensphase steht man plötzlich wieder vor solchen Entscheidungen. Und diese sind ein großes Geschenk! Auch, wenn wir das in den ratlosen Momenten manchmal anders sehen – aber wir haben das Geschenk, solche selbstbestimmten Entscheidungen treffen zu dürfen und die Freiheit, unser Leben danach zu gestalten. Es sind lediglich die Ängste vor einer falschen Entscheidung, die uns dieses Geschenk nicht als solches annehmen lassen. Die gute Nachricht: Es gibt keine falschen Entscheidungen! Alles führt dich dahin, wo du hinsollst. Vielleicht nimmst du Umwege, aber auch die sind stets sinnvoll und lehrreich. Was bedeutet das also? **Einfach tun! Egal was, einfach tun, irgendwas, genau jetzt. So schnell kann es gehen und du bist aus deinem Dilemma entkommen.**

„Einen fahrenden Zug kann man nur schwer wieder aufhalten!"

Auch Ruediger Dahlke lebt nach diesem Motto und viele, viele andere erfolgreiche Menschen. Denn sie kennen folgende Geheimnisse:

Nutze die Energie des Anfangs! Erst durch das Tun weißt du, was du wirklich willst und kannst! Habe Mut zu Neuem! Und: einen fahrenden Zug kann man nur schwer wieder aufhalten!

Gerade am Beginn eines neuen Vorhabens läuft man oft Gefahr, sich zu verzetteln. Man bittet diverse Leute um ihre Meinung, lotet die Möglichkeiten aus, wägt verschiedene Konsequenzen ab. Was ist, wenn dieses passiert, was ist, wenn jenes passiert, sollte man das nicht dann so machen …?! Und so weiter und so fort. Dann bleibst du aber oft stecken und es verläuft im Sand. Die größte Energie hast du am Anfang. Dann, wenn das Feuer einer neuen Idee noch hell lodernd brennt. Diese Energie gilt es zu nutzen. **Mit jedem Tag, den du dann verstreichen lässt, dich weiter mit verschiedensten Bedenken auseinandersetzt, dir mögliche negative Szenarien ausmalst, alles nochmal hin und her wälzt, schwindet der Zauber des Anfangs immer mehr.** Du drosselst dich selbst, das Feuer brennt schwächer, die Energie wird weniger, man findet zahlreiche Gründe, warum man etwas doch nicht machen sollte.

Das bedeutet jedoch nicht, dass man überstürzt handeln soll. Aber man kann die Dinge sehr wohl „zerdenken" und dies ist oft etwas, das uns bremst. Sowohl in der Entdeckung unserer Träume als auch in ihrer Verwirklichung. Oft reicht eine kleine Bewegung und der Zug beginnt zu rollen, nimmt an Fahrt auf und bringt uns in ganz neue Sphären. Natürlich kann mal etwas schiefgehen, aber das ist besser als bereuen zu müssen, es nie probiert zu haben. Etwas, das uns dabei besonders Hoffnung geben darf: **wenn es läuft, dann läuft's! Auch, wenn man nicht alles bedacht hat. Auch, wenn dann immer wieder Hindernisse auftauchen können. Einen fahrenden Zug können diese Hindernisse viel schwerer stoppen als einen, der noch auf der Bremse steht. UND: Durch das Tun wächst auch der Mut.** Du brauchst oft am Anfang nur ein Quäntchen davon und dann kommen mit dem Erfolg auch neuer Mut und Durchsetzungskraft. Mut wirkt ebenso wie ein mächtiger Schild. Mut imponiert anderen Menschen, er flößt ihnen Respekt ein. Dadurch trauen sie sich weniger, sich dir entgegenzustellen.

Gleichzeitig wirkt Mut wie ein Magnet auf andere Menschen, die sich dann gerne anschließen und dich unterstützen.

Aber wie bekommt man Mut? Mut kommt mit Vertrauen. Vertraue in dich selbst, glaube dir, dass du alles schaffst, was du willst, und dass du geschützt bist und alles zu deinem Besten geschieht. Das ist nicht einfach so dahergesagt. **Spür in dich hinein und du wirst es fühlen. Und wenn du davon überzeugt bist, wird es auch Wirklichkeit!**

Lebt eure Träume! Und wenn ihr nicht wisst, welche Träume ihr habt, laden wir euch ein: entdeckt sie, indem ihr einfach JETZT irgendetwas Ungewöhnliches tut! Ihr wisst nicht, wie ihr eure Träume umsetzen sollt? **Wir laden euch ein, macht einfach einen kleinen Schritt in die ersehnte Richtung und eines wird zum anderen führen, auch wenn es noch so unerreichbar erscheint.**

Auch wir leben unsere Träume und sind erfolgreich dabei. „Wenn du viel fragst, kriegst du viel Gegenrede", sagt Ruediger Dahlke, „go with the flow" ist ihm da viel lieber und erzählt folgende Erlebnisse...

Aus dem Leben von Ruediger Dahlke:

Als ich – noch ein relativ junger Arzt – das Heilkunde-Zentrum in Johanniskirchen zusammen mit meiner ersten Frau Margit gründete, die es bis heute in unserem gemeinsamen Sinn leitet, machte ich einen entscheidenden, überaus wundervollen Fehler. Wir kauften den Hafnerhof, und ich brachte meine Approbation als Arzt zum Gesundheitsamt und fragte, ob es sonst noch etwas brauche, um meine Praxis zu eröffnen. Als das verneint wurde, fingen wir an, und zwar ganz klein mit einem einzigen kleinen Behandlungsraum für mich. Mit der Zeit entstand daraus das Heilkunde-Zentrum Johanniskirchen. Jahrzehnte nach dessen Eröffnung wollten wir einen Parkplatz bauen, um unsere Patienten zu hindern, in den umliegenden Wiesen zu parken und zu versinken. Also beantragten wir ihn. Darauf erschien der Kreisbaumeister und eröffnete uns, dass wir überhaupt keine Genehmigung für das Heilkunde-Zentrum hätten und es völlig unzulässig wäre, im Landschaftsschutzgebiet ein Gewerbe ohne Zulassung zu betreiben. Dass eine Arztpraxis gar kein Gewerbe sei, beeindruckte ihn wenig, das Zentrum sei zu schließen. Ein erbetener Besuch unserer, mir schon von einer Schuleinweihung bekannten Landrätin erbrachte, dass wir beide Katzenfreunde waren, auch schon mal eine weitere gute Basis. Hinzukam, dass sie eine mutige Frau war, die im Dissens mit ihrer eigenen Partei als Parteilose angetreten war und ich das sympathisch fand. Also hatte ich als braver Bürger eingedenk der Wichtigkeit der aktiven Demokratie am Ende eines großen Vortrags in unserer Kreisstadt schon lange vor der Zeit des Gender-Fiebers zur Wahl der Landrätin aufgerufen. Meine Zuhörer haben diesen Hinweis verstanden, wie der Beifall zeigte. Im Gespräch mit dieser dann auch wiedergewählten Landrätin kamen wir darauf, dass wir gerade von unserem Freund Prof. Zahn, Chefarzt im benachbarten Landkreis Straubing, eine Einladung zur Gründung eines gemeinsamen Zentrums bei ihm erhalten hatten.

Für uns wäre also die angekündigte Schließung nicht die absolute Katastrophe gewesen. Die Landrätin bat, erstmal bitte damit zu warten, denn sie wolle die Meinung der umgebenden Bauern und besonders ihrer Frauen hören. Wahrscheinlich war es hilfreich, dass unsere Patienten oft dort wohnten. Durch Mieteinnahmen verbesserten sie die Situation der Bäuerinnen, die bis dahin auf das kärgliche Eiergeld angewiesen waren, erheblich. Sie warnten dringend vor der Schließung des Heilkunde-Zentrums. Es kam also einiges zusammen, und die Landrätin befand schlussendlich, dass der Parkplatz genehmigt werden könne und das Heilkunde-Zentrum gleich mit. Diese Lösung hat sich für weitere Jahrzehnte für alle bewährt. Hätten wir aber gleich zu Beginn zaghaft angefragt, wäre eine Absage wohl sicher gewesen.

In einem Land der Bedenken-Träger, wo sich Verwaltungsbeamte, im Gegensatz etwa zu denen in der Schweiz, vor allem als Verhinderer sehen, fragt man besser nicht zu viel, sondern wagt erste Schritte mit etwas Mut. Denn einen fahrenden Zug aufzuhalten, trauen sich wenige, ihm aber die Starterlaubnis zu verweigern, viele.

Mutig Verantwortung zu übernehmen, kann so viel bewirken. Einst wollte ich einen Bundeswehrsoldaten nach seinem wenig überzeugenden Selbstmordversuch vom Militär befreien. Da die medizinische Beweislage äußerst dünn war, schrieb ich, dass ich die ärztliche Verantwortung nicht übernehmen könne, wenn er weiter diene. Dann gab es offenbar in der ganzen Bundeswehr niemanden, der den Mut hatte, sie zu übernehmen. Ich hatte einfach nur den Mut gehabt, die Verantwortung nicht zu übernehmen.

Als uns am 2. Tag eines 10-tägigen Fastens der x-te Lockdown überraschte, konnte ich einfach die Verantwortung nicht übernehmen, die Teilnehmer am 2. Tag des Fastens heimfahren zu lassen. Dann übernimmt sie – wie erwartet – auch sonst niemand. Ich konnte sie erst nach 10 Tagen wieder übernehmen, und das tat ich dann auch. Da mussten wir doch glatt mitten im Lockdown den ganzen Kurs halten. Es war eine Frage des Mutes, Verantwortung zu übernehmen oder eben auch nicht.

Es hatte etwas Mut erfordert, ganz auf die spirituelle Psychotherapie zu setzen, die mir ein Herzensanliegen war. Auch um einige Bücher zu schreiben, brauchte es etwas Courage. Das erste Online-Fasten vor 10 Jahren anzubieten und plötzlich und unerwartet über 500 Teilnehmern gerecht werden zu müssen, kostete mich ebenfalls einigen Mut.

Einiger Mut war auch notwendig, um von Anfang an meine Meinung zu Corona und dem Pandemie-Management zu sagen. Auch bei all den absurden Herabsetzungen und offenen Drohungen standhaft zu bleiben, kostete einigen Mut. Aber der nötige große Mut, dieses bisschen Mut nicht aufzubringen in der Gewissheit, sich dafür bis zum Totenbett schämen zu müssen, fehlte mir auch wieder. Überhaupt fehlte mir der Mut, all die oben erwähnten Chancen ungenutzt verstreichen zu lassen.

Du bist brillant!
Ich bin brillant!
Wir sind brillant!
—10—

Du bist, was du denkst. Und du denkst oft genau das über dich selbst, was andere über dich sagen. Und andere sagen deshalb jenes über dich, weil du selbst so denkst. Klingt kompliziert? Ist es aber nicht. Im Gegenteil, es ist ganz einfach und höchst erfreulich. Denn du brauchst nur dein Denken über dich selbst zu ändern. **Dann ändert sich auch dein gesamtes Umfeld, wie du auf andere wirkst und was andere über dich sagen.** Somit wirst du noch besser über dich denken. Ein wunderbarer Kreislauf. Probier es aus! „Ich bin brillant!" Sag es laut, immer wieder. Es wird sich allmählich in dein Unterbewusstsein einschreiben und es wird dein Selbstbild verändern, es wird dir Freude am Lernen und Weiterkommen geben, es wird Fähigkeiten freilegen.

Denkst du negativ über dich, blockierst du dich und dein Leben. Probier auch das Gegenteil (bitte nur kurz) aus. Sage laut zu dir im Spiegel: „Ich bin so dumm!" Was macht das mit dir? Spürst du, wie dieser Satz in deinem ganzen Körper negativ wirkt, wie er dich schwächt? Diese negativen Sätze haben wir aber in uns. Achte einmal gezielt darauf, auf deine ständigen schlechten Selbstbe- und -verurteilungen und dann: weg damit!

„Du darfst selbst auch dein größter Anhänger sein!"

Meist sind wir selbst unsere größten Kritiker. Das ist ja allgemein akzeptiert, negatives Allgemeingut sozusagen. Was wir dabei aber vergessen, ist: **du darfst selbst auch dein größter Anhänger sein!** Du bist der Kapitän deines Denkens und dein Denken bestimmt dein Handeln. Du hast schon so viel geschafft! Du kannst heute damit beginnen und damit dein Leben besser und erfolgreicher machen. Nicht nur das. Sag es auch anderen: Du bist brillant! Du bist geschickt! Du bist topfit! So wirst du auch das Selbstbild des anderen verändern. Plötzlich wird vieles einfacher und leichter. Die Werbung macht sich das zunutze: wenn du etwas oft genug hörst, glaubst du es auch. Nutze das auch für dich! **Selbst, wenn du es einfach nicht glauben kannst, dass du brillant bist. Sag es oft genug. Irgendwann glaubst du es und dann wirst du endlich sehen: DU BIST ES!** Und warst es immer. Wir alle sind einzigartig, wie ein Brillant. Einfach brillant!

Aus dem Leben von Ruediger Dahlke:

In unserer norddeutschen Familie galt das schwäbische Motto „Net gschumpfn is gnug globt" und Understatement war das bevorzugte Stilelement. Man schrieb und erwähnte den Doktor nicht, hatte ihn aber zu haben. Über Geld sprach man nicht, man hatte es. Mein Vater ging grundsätzlich davon aus, dass ich Bestnoten erreichte. Er fragte höchstens, ob jemand bessere hatte, von Lob keine Spur.

Als er mir das Elite-College in den USA ermöglichte, dachte ich anfangs, die nähmen mich mit all dem Lob auf den Arm. Ich fühlte mich regelrecht verarscht, weil ständig gelobt. Aber der Witz daran ist: wenn Du lange als brillant gelobt wirst, wie fühlst Du Dich dann? Brillant. Du bist brillant! Ich bin brillant! Wir sind brillant!

Da wurde mir gefühlsmäßig klar, warum die Nobelpreise alle zu Leuten von diesen Colleges gingen. Die werden so lange über den grünen Klee gelobt, bis sie selbst glauben, es zu sein. Obwohl sie es oft ursprünglich wohl nicht waren, werden sie es auf diese Weise.

Die Allgemein-Bildung ist selbst in Elite-Colleges eher dünn. Ein dortiger Professor sagte mir einmal: „Unser Ziel ist, dass Du hier rausgehst und noch Lust hast, zu lernen, zu studieren, weiterzukommen. Es ist nicht unser Anliegen, Dich mit Wissen abzufüllen wie bei Euch in Europa."

Auch Prüfungen verliefen ganz anders. Wir durften miteinander reden, was in Deutschland als Betrug galt. Die Haltung dahinter: Wenn Du so viel Sozialkompetenz hast, einen anderen dazu zu bringen, Dir während der Prüfung etwas zu erklären, ist das (D)ein Verdienst.

Der Mensch ist im Grunde gut!
11

Wir Menschen neigen dazu, alles und jeden ständig zu bewerten. Bevor wir einmal mehr nachfragen, interpretieren wir lieber und reimen uns unsere eigene Version zusammen. Wir ordnen unsere Welt nach unseren gewohnten Schemata. **Dabei bemerken wir oft gar nicht, dass wir uns damit selbst unglücklich machen und das muss nicht sein! Anstelle des Urteilens, Beleidigt- und Verärgert-Seins könnten Gelassenheit, Verständnis und Mitgefühl treten.** Ein kleiner Schritt, der das eigene Leben, die eigenen Beziehungen und die Welt wieder ein weiteres Stück besser machen kann.

Indem wir andere verurteilen, belasten wir uns nur selbst und bringen Konflikte in unser Leben. **Denn unsere Urteile sind immer falsch aus einem ganz einfachen Grund: wir können in andere nicht hineinsehen. Wir gehen stets von uns selbst aus und das ist schon mal ein ganz anderer Zugang.** Hinzu kommt, dass wir viel zu viel auf uns beziehen. Meistens hat es jedoch gar nichts mit uns zu tun. Beispielsweise ist ein Kollege am Morgen schlecht gelaunt und schnauzt dich an. Du könntest jetzt beleidigt sein, das bedeutet, du beziehst seine Handlung auf dich und versaust dir damit den Tag. Womöglich schnauzt du noch zurück und damit haben wir den Salat, ihr habt nun tagelang eisige Stimmung. Du könntest aber auch denken: der Kollege ist einfach schlecht gelaunt und wird dafür schon seine Gründe haben. Es tut mir leid für ihn und ich wünsche ihm, dass es ihm bald besser geht. Vielleicht fragst du ihn sogar, warum er so schlecht gelaunt ist oder begegnest ihm einfach entgegen seiner Erwartung freundlich, dann hast du vielleicht euer beider Tage gerettet.

"Denken wir nur daran, wie viel Zeit und Energie wir uns allein dadurch sparen, wenn wir einfach nicht mehr eingeschnappt sind."

So zu handeln und nicht zu werten, klingt schwieriger, als es ist. **Zwar machen wir das Werten automatisch, aber du kannst dich sofort dabei ertappen und deine Gedanken verändern. Irgendwann hat man diese neue Denkweise eingeübt.** Ein großer Gewinn für dich und deine Umwelt. Denken wir nur daran, wie viel Zeit und Energie wir uns allein dadurch sparen, wenn wir einfach nicht mehr eingeschnappt sind.

Wenn wir mit etwas hadern, wenn uns jemand verletzt oder verärgert hat, ist es meist besser nachzufragen und die Situation auszureden, bevor man seine eigenen Urteile ohne die Sicht des anderen fällt. Manchmal geht das nicht sofort, Konflikte müssen erst etwas abkühlen, um vernünftig miteinander sprechen zu können. Bis dahin versuche doch, so wenig wie möglich zu interpretieren, so schwer es auch sein mag, aber du tust dir damit einen großen Gefallen. Je offener man dann in den Dialog mit dem anderen geht, ohne sich schon alles vorher zurechtgelegt zu haben, desto größer ist die Chance, den Konflikt friedlich und konstruktiv beizulegen.

Was uns dabei helfen kann, ist folgender Gedanke: **Die meisten Menschen sind im Grunde gut. Leider ist in unserer Gesellschaft das Bild des bösen Menschen weit verbreitet.** Meist wird er dargestellt als egoistischer, gieriger Parasit, der die Welt aussaugt. Der Mensch ist schlecht – hast du das nicht auch schon oft gedacht und gehört? **Deshalb beziehst du vielleicht auch viele Handlungen anderer auf dich und meinst, dass sie dir sicher Böses bescheren sollen. Und deshalb bewertest du viel eher Handlungen als schlecht, weil du von einem schlechten Menschenbild ausgehst.** Aber: wie fühlen sich diese Gedanken an? Gibt das Kraft, tut das gut, gibt das Hoffnung? Wohl eher nicht, ganz im Gegenteil. Es schadet aber nicht nur uns und unserem Zusammenleben, sondern es ist schlichtweg falsch. Das Buch „Im Grunde gut" vom Historiker Rutger Bregman liefert dafür eindrückliche Hinweise, die die These vom guten Menschen belegen sollen. Eine von vielen Publikationen verschiedenster Autoren, die sich mit dem Guten im Menschen beschäftigen.

Es scheiden sich die Geister hinsichtlich der Ansicht, dass es wirklich böse Menschen gibt. Die einen sagen klar ja und sagen, dass es keine Rechtfertigung für böses Verhalten gibt. Die anderen wiederum bemühen sich, mehr Verständnis zu zeigen. Schließlich hätte jeder seine Gründe für seine Handlungen. Vielleicht wurde er unter Druck gesetzt, vielleicht hat er Schreckliches in seinem eigenen Leben erlebt und ist psychisch krank, vielleicht wollte er eigentlich ganz etwas anderes bezwecken. Fakt ist: wir können diese Frage nicht abschließend beantworten und das müssen wir in den meisten Fällen auch nicht, weil wir mit wirklich bösen Menschen in den seltensten Fällen in persönlichen Kontakt kommen. **Durch und durch böse Menschen, wenn es sie gibt, sind in der ganz klaren Minderheit. Sonst würde keine einzige Gesellschaft auf dieser Welt funktionieren und wir hätten uns bereits gegenseitig ausgerottet.**

In den meisten Fällen sind die Gründe für böse wirkende Handlungen nicht böse. Mal ist es Faulheit, mal Angst, ganz banale menschliche Schwächen. Das alles hat jedoch nichts mit dir, der sich vielleicht angegriffen fühlt, zu tun. Oder damit, dass die andere Person dir gezielt Böses will. **Wenn dich jemand schlecht behandelt, liegt die Ursache meist ganz woanders begraben, nämlich in der Person selbst.** Selbst, wenn die Person ein Problem mit dir hat, ist es dennoch IHR Problem. Das bedeutet nicht, dass du deshalb nicht trotzdem deine Konsequenzen daraus ziehen sollst, sondern nur, dass du dich nicht selbst belasten brauchst mit Problemen und Konflikten, die nicht deine eigenen sind. **Indem du dich nicht hineinziehen lässt, und das beginnt bereits mit dem Bewerten des Verhaltens, gewinnst du den nötigen Abstand.** Du schaffst es, dich vom Verhalten anderer abzugrenzen und damit gelingt es auch viel schwerer, dich zu verletzen oder zu enttäuschen. Enttäuscht kannst du sowieso nur werden, wenn du dir vorher ein Bild von jemandem zurechtgezimmert hast. Genau das dürfen wir künftig sein lassen.

Aus dem Leben von Ruediger Dahlke:

Nach 90 Minuten mit einer Konzentration erfordernden Tätigkeit lässt erstere deutlich messbar nach. US-Psychologe Ernest Rossi belegte das in verschiedenen Studien. Dann ist es gut, eine, wenn auch nur ganz kurze, andere und am besten körperliche Aktivität einzulegen wie eine Qi-Gong- oder Tai-Chi-Form oder etwas Ähnliches.

Zu diesem Zweck brachte ich bei Firmentrainings den Teilnehmern Bewusstseins-Gymnastik bei wie mit einer Hand einen Kreis, mit der anderen ein Viereck in die Luft zu malen oder einfache Jonglierübungen für Anfänger. Letztere wirkten nicht so verdächtig spirituell und kamen in der Regel am besten an, vor allem, weil es sehr simple Tricks gibt, den Erfolg in kürzester Zeit sicherzustellen.

Bei einem Seminar für Firmenbesitzer und Manager von Großbetrieben, das sehr viel mehr kostete als meine eigenen Kurse, hatte ich für jeden Teilnehmer um ein Jonglierball-Set mit drei Bällen gebeten. Uns erstaunte, dass bei fast ausschließlich ausgesprochen finanzstarken Männern fast die Hälfte der Bälle nach jedem Seminar verschwunden war. Die Veranstalter neigten zum Projizieren auf ihre Teilnehmer, aber ich konnte mir nicht recht vorstellen, dass kriminelle oder gar räuberische Energie dahintersteckte.

Am Ende eines solchen Seminars sah ich einen mir von meinen Kursen bekannten Teilnehmer, der mir den Eindruck machte, gerade zu überlegen, ob er die Jonglierbälle mitnehmen solle. So wagte ich es, ihn diesbezüglich anzusprechen. Mich vorsichtig anpirschend, fragte ich ihn zuerst, warum er dieses vergleichsweise sehr teure Seminar belegt habe, wo er doch Ähnliches bei mir schon viel günstiger absolviert hätte. Er erklärte mir, dass dieses von der Firma organisiert sei und sowieso alles von der Steuer abgesetzt würde. Außerdem hätte es Eindruck gemacht, dass er das schon alles für sich privat gelernt hätte. Obendrein sei es auch eine willkommene Wiederholung gewesen und die Jongliergeschichte war ja auch neu. Seine ehrliche Antwort ermutigte mich zu folgendem Angebot: „Dürfte ich Ihnen diese drei Jonglierbälle schenken und Sie dafür etwas ziemlich Indiskretes fragen?" Er bejahte bereitwillig. Daher fragte ich ihn: „Was könnte einen Mann Ihres finanziellen Kalibers dazu veranlassen, über die Mitnahme dreier spottbilliger Jonglierbälle nachzudenken?" Darauf lachte er und sagte: „Oje, Sie haben es also bemerkt. Es ist einfach, ich bin viele Wochenenden für die Firma unterwegs und lasse meine Familie und besonders meinen kleinen Sohn ohne Papa zurück. Mit diesen Jonglierbällen könnte ich noch heute Nachmittag bei ihm unheimlich punkten, wenn ich jonglieren und es ihm vielleicht sogar beibringen kann. Dann wären diese drei Bälle das absolute, nie dagewesene Highlight-Geschenk für ihn und mich. Wenn ich sie erst morgen früh von der Sekretärin besorgen lasse, vergeht die halbe Woche und der Witz wäre weg." Ich bedankte mich sehr für seine ehrliche und so wertvolle Antwort, und er sich für das unerwartete Ballgeschenk.

Den Veranstalter zu überzeugen, den Kurs preislich noch anzuheben, um diese gut 20 Euro billigen Jonglierbälle zu inkludieren, war ein Kinderspiel. So geschah es, und Gelegenheit macht Diebe, sie erhöhten den Preis um 100 Euro. Und aller Ärger schlug in Schmunzeln um, denn in Zukunft blieb fast die Hälfte aller Bälle liegen, wohl all jene kinderloser Teilnehmer, die sich damit nicht belasten wollten.

Alles hat seinen richtigen Moment!
12

Alles ist Rhythmus, alles braucht aber auch Takt. Diese Lebensweisheit ist in dem schönen deutschen Wort verpackt: Taktgefühl. Und in diesem einen Wort steckt noch eine weitere wichtige Botschaft: Alles hat seinen richtigen Moment. Oft sind Minuten entscheidend dafür, ob ein Vorhaben gelingt oder ein gesprochener Satz negativ oder positiv vom Gegenüber aufgenommen wird. Diese Erkenntnis hat im Leben etwas sehr Aufbauendes. **Denn wenn große Ideen einfach (noch) nicht auf fruchtbaren Boden fallen oder große Menschen in ihrer Größe einfach (noch) verkannt werden, ist oft die Zeitqualität dafür verantwortlich und nicht die Idee oder der Mensch selbst.** „Meine Zeit wird noch kommen", das wussten viele große Denker und Künstler, da Pioniere immer ihrer Zeit voraus sind. Das liegt im Wesen der Sache und kann gar nicht anders sein. Wer revolutionäre Ansätze verfolgt, muss immer über den Tellerrand blicken. **Menschen aber sind grundsätzlich Gewohnheitstiere. Sie wollen in ihrer Komfortzone bleiben und scheuen Neues, Unbequemes. Erst, wenn sie selbst in Lebensumstände geraten, die eine Veränderung erfordern, sind sie auch aufnahmefähig für neue Ansätze und Denkweisen.** Die Corona-Zeit hat dies wunderbar vor Augen geführt. Dieser Ausnahmezustand führte zu einem gigantischen Aufwachprozess. Erst dadurch waren viele Menschen zugänglich für Wahrheiten, vor denen sie sich davor verschlossen hatten. Je „normaler" es wieder wurde, desto mehr schloss sich dieses Zeitfenster für kritische Aufklärungsarbeit aber auch wieder.

„Das Pendel schlägt immer zurück in die andere Richtung."

Der richtige Moment kann eben allesentscheidend sein. Ob und wann der gegebene Moment kommt, lässt sich aber nur schwer vorhersehen. Lediglich ein Feingefühl anderen Menschen gegenüber kann einem helfen, die Zeitqualität zu erahnen – ob im Großen oder im Kleinen, wie in der Partnerschaft oder Familie. **Wichtig ist, sich diesen Faktor Zeitqualität immer vor Augen zu halten, bevor man an der Welt, seinen Mitmenschen oder an seinem eigenen Leben verzweifelt. Die Zeit ist oft einfach noch nicht reif.** Aber: Sie wird kommen! Denn das Pendel schlägt immer zurück in die andere Richtung. Geduld und Gelassenheit sind die Zauberwörter.

Einfacher gesagt als getan, oder? Wenn man Missstände im eigenen Leben oder seiner Umgebung erkennt, möchte man doch sofort etwas dagegen tun und schnelle Ergebnisse sehen! Und da kommt jetzt die gute Nachricht: **Das kannst du auch. Ganz stark im eigenen Leben, aber auch in der Welt, von der du ein Teil bist. Gesellschaftliche Entwicklungen und eine Zeitenwende können auch Einzelne sehr wohl anschieben – aber nicht mit der Brechstange, sondern mit viel Gefühl und ebenso wieder Geduld.** Sanft in eine Richtung weisen, immer wieder die Missstände aufzeigen, Wissen in die Gesellschaft einstreuen, die kleinen Schritte sehen und würdigen. Die Erkenntnis, das Bewusstsein ist die Basis jeder Veränderung und das muss zuerst bei einer Vielzahl von Menschen erzeugt werden und braucht Zeit und Taktgefühl. Wollte man hier und jetzt ein Utopia errichten, würde es wohl in wenigen Tagen in Flammen aufgehen.

Gleiches gilt auch fürs eigene Leben. Aber: Das eigene Leben haben wir naturgemäß am meisten unter Kontrolle – wir können es zumindest, wenn wir wollen, aber das ist ein anderes Thema. Wir gehen nun davon aus, dass wir wollen. **Das bedeutet also auch, dass wir den richtigen Moment in unserem eigenen, persönlichen Leben mehr steuern können, da es ungleich leichter ist, seinen eigenen Bewusstwerdungs-Prozess voranzutreiben.** Auch im eigenen Leben gilt: Die Erkenntnis ist die Basis jeder Veränderung. Erst echte Erkenntnis kann auch zu einem echten Wandel führen. Wer innerlich nicht bereit ist, blockiert, und merkt oftmals gar nicht, wo das Problem liegt. Das führt uns wieder zum Gesetz der Resonanz, das wir bereits in Kapitel 4 ausführlich beschrieben haben. Wenn etwas bei einem selbst nicht gelingt, sei es die glückliche Partnerschaft oder eine Ernährungsumstellung, „will es einfach noch nicht sein", so sagt man gerne tröstend zu sich selbst. Darin steckt viel Wahrheit. Doch der, der nicht will, bist in Wirklichkeit du. **Glück ist etwas, wofür du innerlich bereit sein musst. Viele aber stehen sich selbst unbewusst im Weg. Darum ist die Selbstreflexion, das Entdecken seiner eigenen Schatten und Abgründe so wichtig.** Vor allem nicht erst dann, wenn der Hut schon brennt. Oftmals sind Menschen erst bereit für eine Innenschau, wenn es ihnen schon sehr schlecht geht. Dazu muss es nicht kommen!

Nun aber keine Eile, gönn dir die Zeit, sei liebevoll mit dir und würdige auch bei dir selbst die kleinen Schritte!

Aus dem Leben von Ruediger Dahlke:

Mahatma Gandhi hat einmal gesagt, wenn du wirklich Neues durchsetzen willst, musst du erstmal damit rechnen, ignoriert, dann lächerlich gemacht, und schließlich bekämpft zu werden. Und dann hast du gewonnen.

Bei „Krankheit als Weg" wusste ich das noch nicht und durchlitt diese Phasen. Da diese Erkenntnisse der Psychosomatik auch für mich so neu waren, wollte ich sie zuerst diskutieren und setzte beim Verlag durch, das Buch mit einer Seite übergroßer Anführungszeichen zu beginnen und zu beenden. Aber die Kollegen wollten offenbar nicht diskutieren, sie setzten auf Ignorieren, Sich-lustig-Machen und schließlich Bekämpfen. Auch Heilpraktiker brauchten Jahre und folgten erst ihren Patienten, denn Mediziner und Therapeuten sind doch gern dort, wo viele Patienten sind.

Denen vor allem verdankten wir den uns völlig überraschenden Millionen-Erfolg des Buches von Beginn an. Die Profis waren nicht bereit, aber die Zeitqualität war es. Als das Buch die Millionengrenze überschritt, konnten sie es nicht mehr ignorieren; es lächerlich zu machen, ließ zunehmend sie selbst lächerlich erscheinen und beim Bekämpfen ging der Schuss durch den Erfolg der deutenden Medizin auch nach hinten los. Victor Hugo hatte es schon längst formuliert: eine Idee, deren Zeit gekommen ist, lässt sich nicht mehr aufhalten.

Bei „Peace Food", dem Buch, das die vegane Welle einleitete und zu einem neuen Lebensstil machte, kannte ich Gandhis Erkenntnis schon und wartete die Phasen des Ignorierens und der Ignoranz, des Sich-darüber-Erhebens, Lustig-Machens und Bekämpfens ganz entspannt ab bis zum Durchbruch der pflanzlich-vollwertigen Kost. Die Zeit dafür war reif und gegen das Engagement engagierter kleiner Mädchen und Jungs, gesundheitsbewusster Erwachsener und engagierter Humanisten, die nicht nur sich selbst, sondern auch den Hungernden dieser Welt, den Tieren und der Mit- und Umwelt helfen wollten, war erst recht kein Kraut gewachsen.

Eine Geschichte steht für mich besonders dafür: eine vielleicht 12-Jährige kaufte am Bücherstand bei einem Vortrag 11 „Peace Food"-Bücher und wollte sie von mir unterschrieben haben. Während ich ihrem Wunsch nachkam, riet ich ihr, die Bücher doch lieber in Zukunft beim Verlag zu bestellen, dann verdiene sie mehr damit und ich würde sie auch dann unterschreiben. Sie verstand mich gar nicht, und es stellte sich heraus, sie waren für die Mama und die besten Freundinnen bestimmt. Gegen so viel jugendliches Engagement gaben sogar die Lebensmittel-Konzerne bald auf, sprangen auf den veganen Zug auf und entwickelten vegane Produkte und dem „Schattenprinzip" geschuldet auch eine ganze Menge veganen industriellen Giftmüll. Peace Food meint deshalb pflanzlich-vollwertig und das ist so viel mehr als vegan. Weißer Zucker und entsprechendes Mehl, Corn-Sirup und Schnaps, Whiskey und Vodka, Zigaretten und Zigarren sind vegan, aber keineswegs gesund. Alles hat seine Zeit, und wer nicht mit der Zeit geht, geht mit der Zeit. Und andererseits hat und braucht jeder seine Zeit.

Wer loslässt, den überrascht das Leben!
13

Wie funktioniert ein Bumerang? Nur, wenn du ihn loslässt. Doch viel zu oft klammern wir uns an die Dinge, die wir liebgewonnen haben und wie bei einem Bumerang funktionieren sie dadurch nicht mehr. Wir wollen gerne alles kontrollieren, wir glauben, dass wir so weniger verletzt werden. Doch das Gegenteil ist der Fall. Je mehr wir versuchen, Menschen und Situationen außerhalb von uns zu kontrollieren, desto kraftloser werden wir, weil das sehr viel Energie kostet, und desto freudloser werden wir, weil wir letztendlich nichts wirklich kontrollieren können. **Festhalten bedeutet, den Fluss des Lebens zu unterbrechen und damit in falsche Bahnen zu lenken, sodass das Leben wieder über mühsame Irrwege seinen richtigen Weg finden muss. Denn das Leben hat immer Recht, es findet immer den richtigen Weg, auch, wenn uns dieser manchmal nicht schmeckt.**

> *„Es braucht nur unser Vertrauen und Vertrauen heißt loslassen."*

Aber wenn man es zulässt, dann findet das Leben auch umso schneller wieder eine Lösung. **Es braucht nur unser Vertrauen und Vertrauen heißt**

loslassen. Unsere Welt heutzutage gleitet immer mehr ab in einen Kontrollwahn. Alles muss überwacht werden, überall eingegriffen, alles passend gemacht werden. Eine Abkehr von der Natur und vom Natürlichen. Dadurch gerät aber alles in einen Teufelskreis, weil man nicht alles kontrollieren kann und nichts mehr zusammenzupassen scheint. Denn das Leben kann nicht mehr fließen, wie es sollte, und nicht mehr die richtigen Wege finden – damit geraten also ganze Gesellschaften auf Irrwege. Dagegen können wir steuern, indem wir den Mut zur Freiheit haben. Und Freiheit bedeutet sowohl das eigene Schicksal zuzulassen als auch unsere Mitmenschen freizulassen. Frei in ihrer Lebensart und ihren Entscheidungen. **Wenn wir loslassen, den anderen sein lassen, bleibt nur der bei uns, der auch zu uns gehört, und nur das, das auch bei uns sein will. Und nur das wollen wir doch in unserem Leben haben? Nicht das, das eigentlich nicht gut für uns ist oder nicht zu uns gehört.** Wenn man das Loslassen geschafft hat, das Leben wirklich fließen lässt, unsere Mitmenschen wirklich sein lässt, wie sie sind, nimmt das eigene Leben oft überraschende Wendungen. Neue Beziehungen mit richtigen Partnern werden gefunden, alte Beziehungen werden wieder wunderbar belebt. Wir entdecken an unseren Partnern, an unseren Kindern und an uns selbst neue Seiten. Wir finden Wege und Antworten, die wir davor vielleicht bereits krampfhaft gesucht hatten.

Wir laden dich ein: Lass das Leben fließen, lass einfach los. Wenn du einmal losgelassen hast, atme tief durch und du wirst sehen: es ist plötzlich so vieles leichter. Du brauchst nur noch dein eigenes Gewicht tragen. Alles andere geht eigenständig neben dir oder ist nicht mehr da, so wie es auch sein soll. Das Leben wird nicht nur leichter, auch entspannter und zugleich spannender, ganz nach dem Motto: unverhofft kommt oft...

Aus dem Leben von Ruediger Dahlke:

Nachdem ich schon oft in der spirituellen Kommune Findhorn war und den Ort liebte, überredete ich meine Freundin Katharina, mit mir dorthin zu reisen und meldete mich ihr zuliebe nochmals für die Einführungs- oder Experience-Week an. Mein Überlegenheitsgefühl erhielt beim ersten Gruppentreffen gleich einen heftigen Knacks. Einer der Teilnehmer war Andrea, ein bildhübscher, sehr gescheiter, englischer Lockenkopf, in den sich meine ebenfalls bildhübsche, sehr gescheite Katharina spontan und blitzartig verschaute und damit auch auf heftige Gegenliebe stieß. Nun war ich als Hippie ja grundsätzlich und aus Prinzip nicht eifersüchtig, aber irgendwie fühlte es sich doch sehr ähnlich an und lenkte mich intensiv vom in Findhorn üblichen Dialog mit der Natur ab.

Während mich der Trainer immer wieder unter irgendeinen Baum schickte, um mit ihm Zwiegespräche zu halten, kugelten sich die beiden unter den Büschen. Ich war mehr bei ihnen als bei meinem Baum und schmiedete Pläne, die doch sehr nach Eifersucht rochen.

Am letzten Tag der für mich anstrengenden Woche hatte ich dann doch noch eine sehr schöne Meditation mit einem Bach und gelangte weit jenseits meiner Eifersucht und Vergeltungspläne in einen unheimlich schönen, stillen Raum der Ruhe und Gelassenheit. Am nächsten Tag wollte ich es Katharina überlassen, ob sie lieber mit Andrea in unserem Wohnmobil weiterfahren wollte, und ich würde dann trampen, was mir damals noch sehr nahelag. Ich fühlte mich so frei, auch von allen vorherigen Ressentiments, einfach glücklich. Da klopfte es an der Tür des Wohnmobils und eine weinende Katharina wollte sofort mit mir schlafen, sonst in dieser Direktheit nicht ihre Art, war sie doch ziemlich zurückhaltend und sehr adelig. Unter großer Lust und vielen Tränen stellte sich heraus, dass sie sich auch bei Andrea damit – wider mein Erwarten – zurückgehalten hatte bis zum letzten Tag. Als sie so weit war, eröffnete er ihr, dass er – nomen est omen – bisexuell sei und mich gern dazu gehabt hätte. Das war ihr dann aber doch zu viel. Plötzlich wollte sie mich doch wieder lieber allein für sich. Wir hatten noch eine sehr schöne zweisame Reise mit einer ganz neuen Sinnlichkeit. Hätte ich sie nicht los- und freigelassen, wäre unsere Reise vermutlich nicht so schön geworden und unsere Beziehung hätte irgendwo auf der Strecke geendet. Denn das Verlangen nach Andrea hätte ich nicht ersticken können, es wäre geblieben und genauso die Sehnsucht und Reue von Katharina mit der bohrenden Frage: Was wäre gewesen, wenn ...? So wusste sie es und konnte selbst und aus ganzem Herzen frei entscheiden, was sie lieber wollte.

Bewusste Muster bringen Leichtigkeit!
14

So wie alles im Rhythmus ist, finden wir auch überall in der Natur Muster. So auch in unserem Denken, Fühlen und Handeln. **Seine eigenen Muster zu kennen, zahlt sich deshalb in vielfacher Hinsicht aus.**

Einerseits, so schreibt der Arzt, Psychologe und ärztliche Psychotherapeut Prof. Christian Schubert, bestimmen die unbewussten Muster das Drehbuch unseres Lebens. Er sagt, dass sich unsere Muster immer und überall wiederholen. Das kann im schlechten Fall sehr belastend sein, da wir dadurch beispielsweise immer wieder mit negativen Erlebnissen konfrontiert werden. Bis wir die Muster erkennen und sie auflösen. **Mit dieser wichtigen Innenschau können wir also unsere Gegenwart und unsere Zukunft formen, vor allem eben auch unbewusste Verstrickungen und Wiederholungen auflösen.**

Andererseits bringt es viel mehr Leichtigkeit ins Leben, sobald du die betreffenden Muster je Situation kennst. Oft sind es nur kleine Stellschrauben, die du anziehen musst, damit alles leichter fließt. Es sind vor allem die unangenehmen Dinge, wo du genauer hinsehen darfst. Du möchtest zum Beispiel gern ein Buch schreiben, aber irgendwie geht es nicht voran. Es kostet dich enorme Überwindung, dich vor deinen Computer zu setzen. Sieh genauer hin. Was ist es, das dich hemmt? Vielleicht bist du einfach nicht der Typ fürs Schreiben, sondern mehr der Redner. Dafür gibt es eine Lösung. Verwende zum Beispiel eine Software, der du diktieren kannst. Oder du bist einfach ein sehr aktiver Mensch, der ein Problem mit langem Sitzen hat. Auch dafür gibt es eine Lösung: ein Steh-Pult oder -Schreibtisch. Frage dich: Wie tickst du, was brauchst du, was könnte die wahre Ursache sein, warum du bei manchen Dingen Unlust empfindest und wie könntest du dies mit Kleinigkeiten verbessern?

Wir selbst sind oft sehr streng mit uns und zwingen uns zu vielem: zum frühen Aufstehen, zum Arbeiten, zu gesundem Essen, zum Sport. Diese Dinge sind auch gut und wichtig, das Problem ist nur der Zwang. Eben genau, dass es überhaupt ein Zwang ist. Dieses ständige Überwinden der dauernden Unlust kostet uns sehr viel Energie. **Der leichtere und viel glücklichere Weg wäre, Wege zu finden, wie wir mehr Freude in all das bringen. Und dabei ist es eine große Hilfe, seine eigenen Muster zu erkennen und die Dinge soweit möglich danach zu richten.**

Gleiches gilt auch, wenn wir andere Menschen von etwas überzeugen möchten. Wir müssen unser Gegenüber abholen, wo es steht. Zwang und Druck bewirken auch bei anderen keine nachhaltige, echte Veränderung. Der Zwang muss andauernd unter hohem Energieaufwand aufrechterhalten werden, Druck erzeugt nur Gegendruck und das Verbotene macht uns gerade heiß, wodurch das Verhalten genau ins Gegenteil umschlagen kann. Sinnvoller ist es, den anderen zu überzeugen, die Veränderung selbst zu wollen. **Echter Wandel kommt von innen. Der Wille dazu kommt einerseits übers Bewusstsein, also durch Verstehen. Andererseits aber, und das ist noch wichtiger, übers Herz, also durch Fühlen.** Wer es schafft, das Notwendige mit dem Angenehmen zu verbinden, wird sein Gegenüber viel leichter gewinnen. Ein einfaches Beispiel: Wenn du möchtest, dass sich deine Familie gesünder ernährt, muss das Gesunde besser schmecken oder zumindest gleich gut. Vielleicht braucht es dazu nur eine gewisse Zutat oder das Essen darf nicht zu gesund aussehen (bei Kindern oft der Fall). Jeder tickt da anders. **Überzeugungs-**

Versuche nur auf Kopf-Ebene allein werden weniger nützen. Wo nur der Zwang bleibt, wird das eine Negativspirale nach sich ziehen.

Bei allen Menschen gilt: möchtest du sie zu einer Veränderung ihres Verhaltens bringen, musst du auf ihre Bedürfnisse, Wünsche und Muster achten. **Die Brechstange und das Einhämmern von Informationen sind immer fehl am Platz. Es braucht mehr Leichtigkeit und Freude, auch bei schweren Themen.** Sonst wendet sich jeder mit der Zeit ab. Die Aussicht auf eine möglicherweise bessere Zukunft, wenn sie dieses und jenes Unangenehme tun, ist bei den wenigsten Menschen Anreiz genug.

In unserer Gesellschaft und Politik erleben wir derzeit viel Zwang. Ein Indiz dafür, dass sich dieses Regime nicht lange halten wird?

Aus dem Leben von Ruediger Dahlke:

Auch in unserem Körper sind bereits Muster angelegt, deren (Er)Kenntnis uns sehr weiterhelfen kann, sowohl in der Partner- als auch der Berufswahl.

Einmal kam ein junger Kollege zu mir in Beratung und begann die Anamnese schon mit dem Satz: „Ich bin das, was Sie einen Medizyniker nennen." Ich erschrak etwas, denn so hatte sich noch niemand selbst bezeichnet und bezichtigt. Er erzählte mir, dass er selbstverständlich Zahnmedizin studiert habe, da beide Eltern Zahnärzte waren und er ihre Praxis übernehmen sollte. Deren Traum wäre wohl gewesen, dass er im Studium eine Zahnmedizinerin kennen und lieben lernen würde usw. Dazu sei es aber nicht mehr gekommen. Denn nach dem Medizinstudium, in Österreich damals noch Voraussetzung für ein späteres Zahnmedizin-Studium, hatte er schon bald nach dessen Beginn erkannt, wenig geschickt im Mund anderer Leute zu agieren. Erstens hat es ihm keine Freude gemacht, zweitens war es denen nicht angenehm. So hatte er noch weitere zwei Semester dort vertan, aus Angst, die Träume seiner Eltern zu zerstören. Dann aber ging es nicht mehr anders. Sie hatten sehr betroffen reagiert, er aber war noch betroffener und rettete sich in den Kompromiss, nun wenigstens praktischer Arzt zu werden. Denn das Studium hatte er ja schon abgeschlossen, aber auch hier war er nicht glücklich geworden, er war nicht so praktisch veranlagt, fasste seine Patienten gar nicht gern an, wollte eigentlich gar kein Blut abnehmen und sprach lieber mit ihnen, wusste aber auch nicht so recht, worüber, denn dazu hatte er, wie wir alle, im Medizinstudium gar nichts gelernt. Deshalb war er jetzt zu mir gekommen, denn immerhin hatte ich es ja zu einer sprechenden Medizin gebracht und erschien ihm damit glücklich. Tatsächlich absolvierte er meine damalige Ausbildung zur Archetypischen Medizin, heute „Integrale Medizin", und wurde zufriedener mit dieser sprechenden Medizin. Auch, wenn es noch Schwierigkeiten gab mit der Abrechnung der langen Beratungen und er sich obendrein zum Privat-Arzt durchringen musste, um davon leben zu können.

Hätte jemand mit Ahnung von Mustern rechtzeitig auf seine Hände gesehen, und das Muster darin erkannt, wäre ihm viel Umweg erspart geblieben. Derjenige hätte unschwer erkannt, dass er mit seinen „Lufthänden" auf keiner Ebene zum Praktiker auserkoren war, weder im Mund noch sonst irgendwo am Körper. Vielleicht wäre er mit einem Philosophie-Studium glücklicher geworden als mit dem der Medizin. Tatsächlich hatte er sich unter so vielen Medizinerinnen in der Mensa in eine Philosophie-Studentin verliebt. Philosophie war für seine praktisch tätigen Eltern der Höhepunkt brotloser Kunst, und sie waren alles andere als einverstanden mit dieser Verbindung. Aber er war glücklich, wenigstens mit ihr über all die ihm wichtigen Dinge des Lebens sprechen zu können.

In meiner „Integralen Medizin" ist die Erkenntnis der Muster, die unser Leben bestimmen, entscheidend. Einstein sagte, die Problemebene sei nie die Lösungsebene. „Hinter jedem Ding ist eine Idee", sagte Platon. Idea steht griechisch für Bild. Auf diese viel tiefere Ebene der Seelen- oder archetypischen Bilder zielt die „Integrale Medizin" und ist damit in der Lage, Patienten zu vermitteln, was ihnen fehlt und somit zu heilen. Um ein Problem zu lösen, müssen wir uns erstmal vom Problem lösen und damit Abstand und Tiefe gewinnen. Aber auch wirkliche Vorbeugung wird so möglich, denn man muss dazu wissen, wovor man sich freiwillig beugen will. Ansonsten verkommt die Idee der Vorbeugung zur Früherkennung, was zwar immer noch besser als Späterkennung ist, aber mit echter Prävention, Prophylaxe, Vorsorge oder Vorbeugung gar nichts zu tun hat. Diese zielen auf die Zukunft und ein Verhalten, das gar nicht erst krank werden lässt, während Früherkennung auf die Vergangenheit zielt, um entstandene Probleme möglichst früh zu entdecken. Aber auch ganz konkret lassen sich im Körper Muster entdecken, deren Kenntnis das eigene und das Leben anderer ungemein erleichtern kann.

Die Zeit ist ein Fluss!
15

Bist du schon einmal in einem Fluss gegen den Strom geschwommen? Je stärker die Strömung, desto unmöglicher ist das. Zumindest kostet es enorm viel Energie, die du maximal über kurze Zeit aufbringen kannst. Irgendwann geht dir die Puste aus, du hältst dich also an einem Stein oder Ast fest. Aber auch das kostet enorme Kraft. Der Fluss ist einfach zu stark und fließt unentwegt, ohne Kompromiss. Entweder du lässt dich von ihm treiben oder du gehst unter.

Genauso verhält es sich mit der Zeit. Auch sie läuft und hält nie an. Auch sie ist kompromisslos wie ein Fluss. Du kannst dich nicht gegen sie stellen, du kannst sie nicht aufhalten, du kannst nicht zurücklaufen. **Das Einzige, das dir bleibt, ist mit ihr zu gehen.** Ganz nach dem Motto: Gehe mit der Zeit, sonst gehst du mit der Zeit. Das mag hart klingen, aber nur, wenn wir uns gerne an der Vergangenheit oder Gegenwart festhalten. **Wenn wir aber verstehen, wie viel Energie wir uns sparen, wenn wir die reißende Kraft des Zeitflusses für uns nutzen, hat dieses Motto gleich einen ganz anderen Klang.**

„Niemand kann den ständigen Wandel in allem aufhalten. Das würden wir auch nicht wollen."

Kein Mensch kann sich gegen die Gesetze der Natur stellen und genau davon sprechen wir hier. Auch die Natur muss sich der Zeit und den damit verändernden Gegebenheiten anpassen. Die letzte große Eiszeit vor vielen tausend Jahren hat sicher niemandem geschmeckt, aber so ist das Leben. **Niemand kann den ständigen Wandel in allem aufhalten. Das würden wir auch nicht wollen.** Du kannst auch das Altern nicht aufhalten. Wie viel schöner wirkt eine Person, die in Würde altert als eine, die dagegen offensichtlich ankämpft?

Warum ist das für uns nun wichtig? Weil es vielen schwerfällt, die neue Zeit zu akzeptieren. Gerade die technischen Entwicklungen, diverse gesellschaftliche Strömungen oder die Art, wie sich unsere Jugend verhält. Das ist oftmals schwer zu ertragen. Wir neigen dazu, die Vergangenheit zu verklären und mit einem „Früher war alles besser" großer Sehnsucht zu verfallen. **Aber auch, wenn früher wirklich einiges besser war und sehr viele der heutigen Entwicklungen sehr besorgniserregend sind, nützt es uns nichts, wenn wir uns enttäuscht und wütend von der Gesellschaft abwenden. So wird sich auch nichts ändern.** Die eigene Isolation tut einem nur selbst weh, die anderen schert es meist wenig. Dazu zählt auch das eigene Verweigern von technischen Neuerungen, weil man irgendwann mit dem Umfeld nicht mehr mitkommt. Das kostet einem nur selbst Kraft. Denken wir zum Beispiel an den Siegeszug des Internets. Etliche Menschen sahen das höchst kritisch und witterten große Gefahren. Viele lehnten es lange Zeit ab. Heute ist dies schon fast undenkbar. Diese Entwicklung konnten auch jene nicht aufhalten, die sich dem Internet verweigerten. Es dauerte, bis sie erkannten, dass sie das Internet auch für ihre Zwecke nutzen könnten und dass es nicht nur Fluch, sondern auch Segen ist. Bei all der Digitalisierung heute, die man äußerst skeptisch betrachten darf, gab es noch nie so eine große Vernetzungsmöglichkeit für Menschen und einen so enormen Austausch von Wissen. Alles hat Licht und Schatten. Nutze stets das Licht für dich.

Das bedeutet nun nicht, dass man überall mitmachen soll. Ganz im Gegenteil! **Es bedeutet, dass man alte Weisheiten, alte Gepflogenheiten** und alte Fähigkeiten in den Zeitgeist einweben darf, um damit wieder viele Menschen zu erreichen. Denn so kann es auch wieder einen Wandel geben. Ein Beispiel: Du möchtest das alte Handwerk wieder aufleben lassen, vor allem unter den jungen Menschen. Irgendwie musst du sie mit dieser Idee aber erreichen. Also machst du etwas, wogegen du dich lange gewehrt hast, du benutzt die Sozialen Medien dafür. Viele Jugendliche sehen das nun und sind begeistert. Sie entscheiden sich, auch ein altes Handwerk zu lernen und geben dies wieder über ihre Kanäle weiter. So hast du es geschafft, das Handwerk wieder aufleben zu lassen. **Gerade, wenn wir bei anderen Menschen erfolgreich sein wollen oder sie zu etwas animieren wollen, müssen wir sie abholen, wo sie stehen. Ob uns das nun passt oder nicht.**

Du kannst die Kraft des Zeitflusses für dich nutzen, ohne dich der Zeit völlig anzupassen. Dich aber stur entgegenzustellen und alles zu verwehren, wird letztlich nur dir selbst schaden. **Wie weit du dich an neuen Entwicklungen orientierst und wie stark du einen Gegenpol dazu bilden willst, weil du es nicht unterstützen möchtest, das ist alles eine Frage der Balance.** Man spürt selbst am besten, wie weit man sich bewegen kann und möchte. Jeder hat sein unterschiedliches Tempo, Neues in sein Leben zu lassen und in sein Handeln zu integrieren. Mit der Zeit gehen heißt immer auch, sich selbst zu überwinden und über den eigenen Schatten zu springen, weil du alte Handlungsweisen zurücklassen musst. Dafür gewinnst du aber Neues. **Wenn du dies beständig in deinem Leben tust und anpassungsfähig bleibst, kostet das ebenso Energie. Jedoch weit nicht in jenem Ausmaß, wie es ein Stehenbleiben letztlich kostet. Denke an den reißenden Fluss.**

Die Kunst liegt darin, aktiv mit der Zeit zu gehen. Das bedeutet, selbstbestimmt mit den Veränderungen umzugehen und sich selbst dazu in Stellung zu bringen. Das Gegenteil davon wäre, sich passiv mitreißen zu lassen. Dann kann die Zeit mit einem machen, was sie will. Du fühlst dich überrollt und überfordert und landest in völlig falschen Gewässern. Dort wirst du irgendwann ertrinken, wenn du nicht zu schwimmen beginnst. Bau dir besser ein Floß und steuere selbst, wohin dich der Zeitfluss trägt.

Es ist ein dringendes Gebot, die Vergangenheit zu ehren, aus ihr zu lernen, unsere Ahnen hochzuhalten. Gleichzeitig dürfen wir sie aber nicht festhalten, sondern sie ruhen lassen und stets nach vorne blicken, mit der Kraft unserer Geschichte im Rücken.

Aus dem Leben von Ruediger Dahlke:

Schon in der Schule neigte ich zu langen Aufsätzen und Vorträgen. Reden und Schreiben machte mir immer Freude und manchmal sogar richtig Spaß. Die Zeiten veränderten sich aber immer rascher. In der Kürze liegt die Würze, wurde zum neuen Trend.

Als ich mit Vorträgen begann, bei Jugend-Gottesdiensten in der evangelischen Kirche und für Amnesty International, neigten diese zu ziemlicher Länge. Im Anfang liegt alles, besagt das dritte der „Schicksalsgesetze": Ich wurde drei Wochen übertragen, war viel zu lang und zu schwer und eine richtig schwere Geburt. Meine Vorträge neigten zu anderthalb Stunden und die Bücher später zu ziemlichem Volumen. Aus Effizienz-Gründen wurden es bald zwei Vorträge pro Abend mit je anderthalb Stunden. Schon bald aber kamen Podcasts mit einer halben Stunde Länge in Mode.

Mit der Corona-Krise wurde alles und auch das Papier teurer und Bücher deshalb dramatisch zusammengestaucht. Mein Standardwerk „Krankheit als Symbol" hatte bei der 32. Auflage schon 1.000 Seiten erreicht, wurde aber lieber kleiner gesetzt und auf 860 Seiten verkleinert. Das „Lebensprinzipien"-Grundlagen-Buch hatte noch 760 Seiten, die anderen lagen meist über 400. Jetzt wurde das Richtmaß auf höchstens 250 gedrückt.

Den Höhepunkt der Einsparung brachten die schließlich so gefragten reels, einminütige Sprachschnipsel auf Video. Die Jungen hätten auf Instagram gar nicht mehr länger Zeit, lautete die Regel.

Auch wenn mein erster Impuls oft war: „Das nicht, jedenfalls nicht mit mir", ließ ich mich immer wieder umstimmen und mitnehmen. Hatte ich nicht früher Gedichte und Aphorismen geschrieben, warum sollte ich dann Gedanken nicht auf eine Minute verdichten? Die reels wurden ein ziemlicher Erfolg, in kurzer Zeit waren schnell über 100.000 Fans dahinter versammelt, die sich offenbar begeistert mit einminütigen Gedanken-Brocken abspeisen ließen. Wo wir uns weiter hin verkürzen wollen, ist offen.

Wir müssen mit der Zeit gehen, lautet ein ungeschriebenes Gesetz, aber kaum jemand möchte das.

Ich hatte schon in meiner US-College-Zeit „Basic", eine einfache Computer-Sprache, gelernt und ahnte, was auf uns zukam. Mit dem Zuständigen des Bertelsmann-Verlags machte ich aus, mein nächstes Buch werde nicht mehr gesetzt, sondern von einer der frühen floppy disks überspielt. Mir ersparte das einen ganzen Arbeitsgang und ungezählte Stunden. Aber in dem großen Verlagshaus gab es eine Gewerkschaft und die bestand darauf, dass das Buch wie alle bisher gesetzt würde. Das bedeutete, einen ebenso aufwändigen wie überflüssigen Arbeitsgang einzuschieben und dabei wieder viele Fehler zu setzen.

Diese würden dann erfordern, das ganze Buch nochmals komplett durchzuarbeiten. Dem stimmte ich nicht zu und eine ziemliche Auseinandersetzung entbrannte. Die Gewerkschaft bestand auf diese beiden inzwischen völlig absurden Arbeitsgänge und die Stimmung ging in die Richtung, mit mir nicht mehr zusammenzuarbeiten. Zu meinem Glück waren die Setzer und Drucker so ungeschickt, ausgerechnet jetzt einen deutschlandweiten Streik vom Zaun zu brechen. Den brachen die Spiegel-Redakteure dann ihrerseits, indem sie ihre Zeitschrift selbst am

Computer setzten. Damit war das Thema ein für alle Mal vom Tisch. Heute gibt es keine Setzer mehr. Aber mehr Arbeitsplätze, als beim Setzen verloren gingen, kamen an Computern hinzu. Und es ließ sich dann weiterhin ganz gut mit mir zusammenarbeiten.

Go with the Flow, sagen heute die Jungen und sind dabei auf den Spuren von Heraklit und seinem panta rhei – alles fließt.

Gesundheit ist ansteckend!
16

Bitte, wie? Krankheit ist ansteckend, aber Gesundheit? Wie soll denn das gehen? Ganz einfach: Du lebst gesund, andere sehen, wie gut es dir geht, und machen es nach. Das ist das Geheimnis des Feldes ansteckender Gesundheit, an dem Ruediger Dahlke bereits viele Jahrzehnte arbeitet. Dabei geht er selbst mit bestem Beispiel voran und animiert Jahr für Jahr Tausende, es ihm gleichzutun. **Denn jeder kann zum Feld ansteckender Gesundheit beitragen. Das Beste dabei ist, dass du selbst doppelt und dreifach davon profitierst.** Erstens bist und bleibst du gesund, und das ist das wichtigste Gut im Leben, zweitens werden oder bleiben deine Familie und alle Menschen, die du liebst, gesund, und das erspart dir viel Kummer und Leid, und drittens lebt eine ganze Gesellschaft immer gesünder, was sich auf den Wohlstand eines Landes massiv auswirkt und gleichsam auf die gesamte Nahrungsmittelindustrie. Denn produziert wird nach dem Prinzip von Angebot und Nachfrage. Wenn also viele Menschen pflanzlich-vollwertige, biologische und am besten regionale Nahrungsmittel kaufen, werden die ungesunden, chemischen, Tierleid produzierenden und umweltschädlichen Produkte immer mehr aus den Regalen verschwinden. Schon allein das eigene Konsumverhalten hat also große Auswirkungen.

Für viele Menschen ist ihre eigene Gesundheit nicht genug Motivation, um ihr Leben umzustellen. Das ist äußerst schade und hat etwas mit mangelndem Selbstwertgefühl zu tun. Leider ein sehr weit verbreitetes Phänomen. Wenn du auch zu diesen Menschen zählst, dann kannst du dich möglicherweise dadurch zum gesunden Leben motivieren, dass du es für die anderen tust, für deine Liebsten, für die Natur, für die Kinder auf dieser Welt und ihre Zukunft. Ja, dein Handeln hat genau solche weitreichenden Folgen. Wenn du im besten Fall alle um dich herum mit Gesundheit anstecken kannst und diese Personen dann wieder alle um sich herum, dann werden aus anfänglich beispielsweise vier Menschen irgendwann Abertausende.

„Mit Druck erreicht man gar nichts.
Konsequent mit bestem Beispiel vorangehen,
das führt am wahrscheinlichsten zum Ziel."

Das geht natürlich nicht von heute auf morgen. Das Leben umzustellen, kostet für viele enorme Überwindung und es braucht Zeit – umso länger, je schlechter der Lebensstil am Beginn war. Man muss den Menschen auch die Zeit geben. **Mit Druck erreicht man gar nichts. Konsequent mit bestem Beispiel vorangehen, das führt am wahrscheinlichsten zum Ziel und wenn man auch nur zwei von sechs letztlich überzeugt. Immer im Hinterkopf behalten: aus zwei werden vier, aus vier möglicherweise acht und so weiter.** Letztlich wird man nie wissen, wie viele Personen man durch sein eigenes gesundes Leben inspiriert hat. Und was dein Selbstwertgefühl betrifft: **Je mehr du dir selbst Gutes tust, je mehr du auf dich und deine körperlichen und geistigen Bedürfnisse achtest, je ganzheitlich gesünder du lebst, desto mehr wird dein Selbstwert steigen.** Denn etwas hat genau so viel Wert, wie wir ihm beimessen. Und wir schenken jenem Beachtung, dem wir viel Wert beimessen. Das lässt sich jedoch auch umdrehen. Sobald wir unsere Aufmerksamkeit auf etwas lenken, steigt dessen Wert. So funktioniert es auch mit uns und unserem Selbstwert. Zuerst die Aufmerksamkeit schenken im Sinne von auf sich und seine wahren Bedürfnisse achten, und schon mit dieser Handlung steigt sogleich dein Selbstwert. Du misst dir selbst also mehr Wert bei und was wertvoll ist, auf das wollen wir achten. So dreht sich die Positiv-Spirale immer weiter nach oben. Probiere es aus und freue dich, wie du dir selbst und damit anderen Lebensglück schenken kannst!

Aus dem Leben von Ruediger Dahlke:

Im ganzen Studium hörten wir nur von ansteckenden Krankheiten, niemals von ansteckender Gesundheit. Wir lernten die Pathogenese, die Entstehung von Krankheit über Jahre, aber nie etwas von der Salutogenese, der Entstehung von Gesundheit.

Ansteckender Gesundheit kam ich über eine Mutter auf die Spur, die ihr erstes Kind – der Schulmedizin folgend – gegen alles Mögliche impfen ließ, es bei jeder Kleinigkeit mit Antibiotika behandelte und Fieber senkte. Das Ergebnis war ein Kind, das zwar kaum Kinderkrankheiten hatte, aber ständig kränkelte. Insofern unzufrieden, folgte sie beim zweiten Kind schon mehr den Ratschlägen ihrer eigenen Mutter und ließ nur mehr wenige Impfungen zu, senkte leichtes Fieber gar nicht mehr und höheres mit kühlen Wadenwickeln. Dieses Kind bekam zwar einige typische Kinderkrankheiten, war aber ansonsten deutlich robuster als ihr erstes. Das gab ihr den Mut, beim dritten und letzten Kind ganz auf ihre Mutter zu hören, keine Impfungen mehr, keine Fiebersenkung und Antibiotika nur, wenn unbedingt notwendig. Aber so groß wurde die Not gar nicht mehr. Dieses dritte Kind bekam homöopathische Betreuung, hatte wie das zweite einige Kinderkrankheiten, aber war ansonsten das vitalste und abwehrstärkste. Erkältungen waren gar kein Thema mehr. Ihre Mutter, die Oma der Kinder, verbreitete sehr erfolgreich ansteckende Gesundheit, ohne dazu vom deutschen Recht befugt zu sein, denn sie war weder Ärztin noch Heilpraktikerin. Die jüngere Nachbarin und Freundin der Mutter hatte diese Entwicklung mitbekommen und, selbst mit ihren Kindern viel später dran, fragte sie häufig um Rat. So wurden ihre beiden Kinder von Anfang an ohne Impfungen und im Notfall homöopathisch betreut und erfreuten sich einer ungleich robusteren Gesundheit mit deutlich besserer Abwehrlage und einer vergleichsweise faszinierenden Lebendigkeit. Hier hatte sich ansteckende Gesundheit erst in der Familie und dann in der Nachbarschaft ausgebreitet. Das wurde für mich ein Vorbild und der Beginn der offensiven Verbreitung ansteckender Gesundheit. Erstaunlich, dass diese Form – etwa unter Müttern – im deutschsprachigen Raum offiziell gar nicht erlaubt ist, obwohl sie so wundervoll wirken kann.

Als ich anfing, Krankheit nicht länger als beliebigen, unverständlichen oder gar gemeinen Zufall zu verkennen, sondern begann, darin ein logisches und meist gut nachvollziehbares Geschehen zu erkennen, schlossen sich einige Menschen dieser Sicht aus eigener übereinstimmender Erfahrung an. Ich konnte sie anstecken mit diesem Aspekt ansteckender Gesundheit und damit in Resonanz bringen. Mit „Krankheit als Weg" und „Krankheit als Symbol" nahm diese positive Ansteckung ein ziemliches Ausmaß an. Mit pflanzlich-vollwertiger Kost geschah das ganz ähnlich. Dieses Konzept der Hilfe zur Selbsthilfe und seine Verbreitung übernahmen fast immer Menschen, die dazu bereit, aber gar nicht offiziell befugt waren. „Krankheit als Weg" wollte ich ursprünglich mit Kollegen diskutieren und ihnen nahebringen, aber sie stiegen anfangs gar nicht darauf ein. Auch Heilpraktiker, die dazu ebenfalls offiziell berechtigt waren, ließen sich zwar nicht so lange wie ärztliche Kollegen, aber doch erheblich Zeit. Es waren vor allem Mütter, Hausfrauen und überhaupt Frauen, die nicht nur für sich, sondern für Familien dachten und andere zu betreuen hatten, die darauf einstiegen und den unerwartet großen Erfolg von Beginn an in Gang brachten. Ihnen leuchtete das Konzept ansteckender Gesundheit offenbar am ehesten ein, und sie hatten auch die meisten Erfahrungen damit.

Ich riet immer mehr dazu, sich auch die Therapeuten und Heiler danach auszuwählen, ob sie Gesundheit ausstrahlten und einem Vorbild sein konnten. Insofern war es von Anfang an bei meinen Ausbildungen Thema und Aufgabe, auch selbst zu einem gesunden und nachahmenswerten Vorbild zu werden.

Einst hatte ich einen jungen Patienten, einen Sportler, der keine Ausbildung und weder eine Lehre noch erst recht Abitur hatte. In einer Sitzung äußerte er den Wunsch, so wie ich zu arbeiten. Irgendwie überzeugte er mich und ich lud ihn zu allen weiteren Ausbildungs-Seminaren bei mir ein. Tatsächlich schaffte er, auf der Abendschule das Abitur nachzuholen, anschließend Medizin zu studieren und schließlich Facharzt zu werden. Diesbezüglich hat er mich also sogar überholt. Auch er verbreitet heute ansteckende Gesundheit mit Freude und Engagement.

Es ist nicht wichtig, was du kannst!

17

Was willst du? Das ist das Einzige, das zählt. **In den Richtungsentscheidungen unseres Lebens orientieren wir uns allzu häufig daran, was jetzt gerade möglich ist, was wir jetzt gerade können. Diese Gedanken begrenzen und hemmen uns.**

Du kannst alles erreichen, wenn du es nur wirklich willst. Mit dieser Überzeugung kannst du dir Ziele stecken, die weit über deine jetzigen Vorstellungen hinausreichen und das darfst du auch! **Traue dich, zu träumen, und du wirst sehen, wie stark dein Wille sein kann! Du musst ihn nur lassen. In dir steckt eine unbändige Kraft, die entfesselt wird, sobald du für etwas brennst.** Viele lassen dieses Gefühl jedoch gar nicht zu, weil sie sich nicht an das zu denken trauen, wofür sie wirklich brennen. Zu unwirklich scheint dieses Ziel, zu weit entfernt. „Das kann ich doch eigentlich gar nicht, das schaffe ich nie, das ist doch nicht möglich!" – solche oder ähnliche Gedanken kennst du sicher. Sie tauchen oft auf, sobald wir dahinträumen und in Wunschgedanken abgleiten. Wenn man anfängt, die geträumte Version seiner Zukunft zu genießen, kommt auch schon das Stopp-Schild im Kopf und mit ihm tausende Zweifel. So gelingt es nicht, die Kraft des echten Wollens zu entfesseln. Denn das ist nur möglich, wenn man auch an sein Ziel glaubt.

„Haben sie ein paar Jahre zuvor noch felsenfest geglaubt, dass sie ein Superheld oder eine Prinzessin werden, lachen sie irgendwann nur noch über diese Träumereien. Schade eigentlich."

Würden Babys ständig in solchen Kategorien denken, würden sie vermutlich nie gehen oder sprechen lernen. Zu weit entfernt und unwirklich wirkt dies nach der Geburt. Aber sie sehen es und sie wollen es, deshalb tun sie es. Babys und Kinder probieren aus, so lernen sie. Sätze wie „Ich kann das nicht" schleichen sich erst nach dem Kleinkindalter langsam ein. Plötzlich entstehen Versagensängste und Selbstzweifel. Je älter sie werden, desto „realistischer" werden sie. **Haben sie ein paar Jahre zuvor noch felsenfest geglaubt, dass sie ein Superheld oder eine Prinzessin werden, lachen sie irgendwann nur noch über diese Träumereien. Schade eigentlich.** Das sind die Schattenseiten des Erwachsenwerdens: dass wir aufhören, zu träumen.

Alle Menschen, die Großes erreicht haben, haben auch groß gedacht. Das ist eines der Geheimnisse des Erfolgs. Das, was sie schafften, haben sie durch ihren Willen erlangt. Liest man die Biografien von besonders erfolgreichen Menschen, hatten sie überwiegend recht schlechte Ausgangspositionen im Vergleich dazu, was sie danach erreichten. Hätten sie in den Kategorien gedacht, was sie gerade können oder was gerade möglich ist, wären sie niemals zu ihrem Erfolg gekommen.

Wenn du etwas noch nicht kannst, sei dir bewusst: Du kannst alles lernen! Du hast bereits so viel gelernt. **Alles, was du heute kannst, hast du irgendwann einmal erlernt. Wenn du heute ein Instrument gut spielst, kamst du ja mit diesem Können nicht auf die Welt. Du wirst es dir erarbeitet haben, dass du heute so gut musizieren kannst. Gratulation! Das wirst du auch wieder schaffen, in allen anderen Gebie-**

ten. Jedoch hören wir mit dem Alter nicht nur auf, zu träumen, sondern auch, zu lernen. Viele kommen irgendwann an den Punkt, wo sie meinen, sie hätten ausgelernt für ihr Leben. Das ist der Punkt, wo das Altern beginnt, denn Neues zu lernen hält jung. Sobald wir die Neugier und den Entdecker in uns nicht mehr zulassen, verlieren wir auch die Lebenslust und Lebenskraft. Irgendwann verfällt alles in Eintönigkeit.

Zu träumen, sich große Ziele zu stecken, Neues auszuprobieren, sich selbst und die Welt immer wieder neu zu entdecken und keine Angst vor dem Scheitern zu haben, weil wir wissen, dass wir daraus lernen, bringt pure Leichtigkeit, Lebenslust und Erfolg.

Wir alle kennen die wundervollen Geschichten von Todkranken, die sich selbst wieder heilen konnten, oder von Müttern, die Superkräfte für ihre Kinder entwickeln. Wir nennen es Wunder, aber was all diese Menschen vereint, ist ihr unbändiger Wille. Auch du hast ihn, tief in dir drin. Lass ihn raus und du wirst sehen, was alles möglich ist! Auch du kannst Wunder schaffen!

Aus dem Leben von Ruediger Dahlke:

Walt Disney sagte: „If you can dream it, you can do it." – „Was du träumen kannst, kannst du auch tun."

Seine eigene Geschichte ist Beleg für diese Wunsch- und Wunderkraft. Er zeichnete Daumenkinos, eine Reihe sehr ähnlicher Bilder, die den Eindruck einer Art Film hervorriefen, wenn sie rasch genug durch die Finger liefen – bereits die Grundidee der bewegten Bilder des späteren Films. Walt Disney zeichnete Bunny, ein Kaninchen fürs Daumenkino. Aber sein Auftraggeber stahl ihm die Idee und ließ sie von anderen günstiger imitieren. Statt lange zu klagen, juristisch oder persönlich, entdeckte Disney für sich lieber ein weiteres, noch besseres Tier mit lebenslangem Kindchen-Schema im Gesicht: Micky, die Maus, die weltberühmt wurde und ihn groß machte, weil er sie groß zu träumen wagte und um sie herum eine ganze Kinderwelt zusammenträumte. So wuchsen Disneylands nicht nur in Orlando und Anaheim, sondern auch in Paris und über die ganze Welt verteilt. Disneys Vision einer kinderfreundlichen, Freude vermittelnden und Träume anstoßenden US-Kleinstadt eroberte die ganze Welt und die Herzen innerer Kinder weltweit.

„Sapere aude – wage es, weise zu sein" oder „Habe Mut, dich deines eigenen Verstandes zu bedienen", sagten die Lateiner (Horaz) und die Aufklärer (Kant) und beschrieben damit eine Haltung, die erfolgreiche Menschen überall auszeichnet.

Ich träumte viel seit meiner Kindheit und hörte auch bis heute nicht damit auf. Das Queen-Lied „Heaven for everyone", von Freddie Mercury gesungen, gibt dem Traum für die Welt sehr guten Ausdruck.

Es begann früh. Als ich das Elend der eingesperrten Tiere im Berliner Zoo erlebte, machte mir das keine Freude, wie meine Eltern gehofft hatten, sondern führte zu kindlichen Träumen vom Einbruch in den Tierpark, um alle Insassen mit Drahtscheren und Bolzenschneidern zu befreien. Ich informierte mich gut, zusammen mit einem Freund, aber dessen Vater entdeckte unsere Vorbereitungen und machte sie mit der Erklärung zunichte, dass diese Tiere im damals eingeschlossenen Berlin niemals überleben könnten, sondern gerade an unserer Befreiungsaktion sterben müssten. Aber aufgeschoben ist nicht aufgehoben, und der Traum ging weiter und das Buch „Tierfreund in Not" fand zu mir und wurde mein Favorit für lange Zeit. Der Film „Bambi" löste Ähnliches wie der Zoobesuch in mir aus und ich verweigerte das erste Mal, Fleisch zu essen. Es hatte mir sowieso noch nie geschmeckt und war im Nachkriegs-Berlin zum Glück knapp. Viele Jahrzehnte später förderte ich in meinen Seminaren vegetarische Ernährung mit wenig überzeugender Dauerwirkung. Aber

Jahrzehnte später ging der Traum endlich in Erfüllung. Mir fiel eine frühe Ausgabe der englischen „China-Study" von Prof. Colin Campbell in die Hände und ich wusste sofort, hier lag der Schlüssel. Weder meine Reden über den Hunger in den ärmsten Ländern der Erde noch die Hinweise auf die Umwelt-Schäden und das entsetzliche Tierleid aufgrund unseres Tierprotein-Konsums hatten viele meiner Zuhörer zur vegetarischen Lebensweise bewegen können. Aber mit den Hinweisen und Belegen von Colin Campbell auf den gesundheitlichen Schaden durch Tierprotein, das wusste ich spontan, konnte ich nicht nur viel für die Tiere, sondern gleich noch als Arzt für meine Patienten tun. Darüber hinaus sogar auch noch für die Hungernden und die ganze Um- und Mitwelt. „Peace Food" entwickelte sich zu einem großen Bestseller, fast wie „Krankheit als Weg". Und die Bücher der „Peace Food"-Reihe wurden zahlreich wie die der „Krankheitsbilder"-Reihe und erreichten so viele Menschen, jetzt vor allem auch sehr viele junge. Kein Bucherfolg hat mich so befriedigt wie der der „Peace Food"-Bücher, weil dieser uralte Traum damit Wirklichkeit wurde. Der Traum von einer die Patienten im doppelten Sinn ansprechenden Medizin war jüngeren Datums und erst in der Klinikzeit entstanden, aber auch er hatte einige Kraft der Verwirklichung.

Die Macht des gesprochenen Wortes fand ich immer be- und verzaubernd und liebte an meiner deutschen Herkunft nichts so wie die Sprache. Ich wollte immer wissen und wagte es zu fragen. Und ich glaube als Christ an Wunder, wenn ein Patient sie wirklich will. Christus fragte immer, ob die Betroffenen glaubten, er könne sie heilen. Nur wenn sie es konnten und wollten, ließ er es geschehen.

Persönlich habe ich viel mehr Wunder miterleben dürfen, als mir statistisch zustanden. Ich bin sicher, es liegt daran, dass ich an sie glaube und Patienten damit anstecken und ihnen Mut machen konnte. Über Wunder in der Medizin habe ich mich auch gründlich informiert, wollte alles darüber wissen, und so entstand das einschlägige Kapitel im Krebs-Buch, das vielen Mut gab, zu wollen und diesen Willen in einer Spontanremission zu verwirklichen. So nennt die Schulmedizin schamhaft Wunder, die sie nicht verstehen und wohl deshalb auch so schwer akzeptieren kann.

Nachgeben heißt nicht verlieren!
18

Wie heißt es nun richtig: „Der Klügere gibt nach" oder „Wenn die Klügeren immer nachgeben, passiert nur das, was die Dummen wollen"? Im ersten Moment tendierst du vermutlich zur zweiten Version und das ist eine ganz natürliche Reaktion. Nachgeben ist etwas recht Unangenehmes. Besonders dann, wenn man völlig davon überzeugt ist, dass man im Recht ist. Wenn man nicht beharrlich seinen Standpunkt verteidigt, siegt doch nie die Wahrheit! Oder? Jein. **Zum einen ist es so, dass die Wahrheit viele Facetten hat und wir selten der Hüter der einzig wahren Wahrheit sind. Zum anderen ticken wir Menschen nun mal so, dass wir alle gerne unsere eigenen Standpunkte verteidigen – und zwar selbst dann, wenn wir merken, dass wir womöglich falsch liegen.** Zuzugeben, dass wir im Unrecht waren, fordert uns sehr viel ab. Es erfüllt uns mit Scham, wir fühlen uns schwach und als Verlierer, wir müssen die Konsequenzen für unseren Irrtum tragen. Das alles versuchen wir tunlichst zu vermeiden. Also verteidigen wir weiter unsere Sicht der Dinge. **Das Ergebnis: Die Gräben zwischen den Menschen mit scheinbar unversöhnlichen Ansichten werden immer tiefer. Die Fronten verhärten sich. Es wird zu einem reinen Stellungskrieg. So kann sich nichts mehr bewegen – auch nicht zum Guten.**

> *„Ganz egal, auf welcher Seite des Grabens du sitzt: du bist frustriert und unzufrieden damit."*

Unsere Leben und unsere Gesellschaft sind durchzogen von Gräben, im Großen wie im Kleinen. Die „Linken" gegen die „Rechten", die „Klimaretter" gegen die „Klimaleugner", die Veganer gegen die Fleischesser, die Systemtreuen gegen die Schwurbler und vieles mehr – wir kennen es ja… Und in Familien und Freundschaften sieht es nicht besser aus. Der Sohn spricht nicht mehr mit der Tante, der Nachbar nicht mehr mit der Frau seines Nachbarn und so weiter. Und wem nützt das alles? Niemandem. **Ganz egal, auf welcher Seite des Grabens du sitzt: du bist frustriert und unzufrieden damit. Es schwächt uns nur. Es verärgert, es tut weh, es verhindert den Zusammenhalt, den Austausch und eine gemeinsame Schlagkraft für die wirklich wichtigen Dinge.** Denn im Grunde ihres Herzens wollen vermutlich viele das gleiche: dass es Mensch und Umwelt gut geht. Nur wie wir dorthin kommen, da sind wir uns uneinig. Mit Grabenkämpfen kommen wir aber in jedem Fall gar nirgends hin.

Wie also kommen wir aus so einer Situation wieder raus? Genau: der Klügere gibt nach. **Nachgeben heißt nicht verlieren. Denn die Wahrheit kommt immer ans Licht – früher oder später.** Und mit diesem Bewusstsein kannst du dich entspannt zurücklehnen, weiter deine Ansicht vertreten und verbreiten, aber nicht mit der Brechstange. Denn du kannst niemandem eine Sichtweise aufzwingen, niemanden gegen seinen Willen überzeugen. Je verhärteter die Fronten, desto schwieriger kannst du jemand anderen überzeugen. Etwas, das bereits unter lockerer, freundschaftlicher Atmosphäre eben sehr problematisch ist. **Man kann den anderen sanft hinweisen, aber Menschen müssen selbst erkennen, dass sie Unrecht hatten und sich das selbst eingestehen. Wir wollen keine Meinung von anderen aufgedrückt bekommen – zumindest nicht offensichtlich.** Denn passieren tut das ständig, wir merken es nur nicht. Denken wir nur an die Werbung und die Polit-Propaganda. Die meisten Meinungen sind übernommen, die wenigsten selbst gebildet. Aber egal, ob übernommen oder gebildet, wir wollen sie verteidigen. **Je offensiver eine andere Meinung daherkommt, desto ablehnender reagieren wir auf sie.** Deshalb wurde die Propaganda erfunden und perfektioniert.

Aber nochmal: Die Wahrheit kommt früher oder später ans Licht und gleichzeitig steigt der Druck auf die Person, die sich geirrt hat. Sie wird es leugnen, sie wird die Fakten ignorieren, sie wird nicht hinhören, sie will einfach nicht derjenige sein, der sich getäuscht hat. **Die Person also, die es besser wusste, muss das Eingeständnis für sein Gegenüber nun so leicht wie möglich machen.** Wenn die Guillotine schon wartet, wird es sicherlich nichts. Ein „Ich hatte es dir ja gesagt, ich hatte Recht, gib es zu" ist auch nicht viel besser, genauso wie andere Vorwürfe. Wenn wir nun in dieser Situation sind, müssen wir also auf unser Gegenüber zugehen. **Wenn wir wollen, dass es ein Umdenken in der Gesellschaft gibt, müssen wir auf die andere Seite zugehen.** Und das passiert nur über den Weg der Vergebung und des Verständnisses. Gebt den Menschen Zeit. **Beim nächsten Mal werden sie dann auf die hören, die davor Recht behielten.** Darum ist es ja auch wesentlich, immer ehrlich und offen zu seiner Meinung zu stehen. Denn so wissen die anderen, wem sie künftig eher zuhören sollten.

Nachgeben und vergeben bedeutet jedoch nicht, dass wir keine Konsequenzen ziehen! Ganz im Gegenteil. Hat jemand beispielsweise bewiesen, dass er einer Verantwortung nicht gewachsen ist, darf er auch nicht mehr in eben jene verantwortungsvolle Position kommen. Wenn dich ein beratungsresistenter Arzt falsch behandelt hat, wirst du vermutlich nicht mehr zu ihm gehen. Konsequenzen sind wichtig. Sonst gibt es keine Weiterentwicklung. Rache ist hingegen kontraproduktiv, denn Hass erzeugt bekanntlich noch mehr Hass. Und das sollte niemand wollen.

Aus dem Leben von Ruediger Dahlke:

„Irren ist menschlich", sagt ein geflügeltes Wort. Machen uns also Irr-wege und Irr-tümer menschlich? Wenn wir sie uns bereitwillig eingestehen, wohl schon.

Fehler bringen Fehlendes ins Spiel, die Sprache ver-deut-licht uns das so sehr. Fehler vervollständigen also offensichtlich unser Leben, lassen es geradezu vollkommener werden. Wir dürfen ihnen also dankbar sein. Die verschiedenen Schulen des Lebens gestalten die gestellten Aufgaben absichtlich schwierig, damit Fehler möglich und wir auf diesem Weg kompletter werden können. Wir dürften uns also über jeden Fehler freuen – er bringt uns unserem Ziel wieder einen Schritt näher.

Wir könnten uns allerdings auch vornehmen, zwar jeden Fehler zu schätzen, ihn uns aber auch nur einmal durchgehen zu lassen und ihn nicht zu wiederholen. Lieber beim ersten Mal von ihm schon alles Notwendige lernen. Dann entwickeln sich Fehler zu unserer großen Chance – wir dürfen uns tatsächlich schon auf den nächsten freuen, darauf, etwas bisher noch Fehlendes zu integrieren, ohne ihn zu wiederholen.

Allerdings lässt sich der Entwicklungsweg deutlich verkürzen. Der US-Filmkomiker des letzten Jahrhunderts, Groucho Marx, bringt es ganz knapp auf den Punkt, wenn er sagt: Das Leben ist viel zu kurz, um alle Fehler selbst zu machen. Es ist tatsächlich auch überhaupt nicht notwendig, alle Fehler selbst zu machen, weil wir so leicht aus den Fehlern der anderen lernen können. Die effektivste Methode, das zu tun, sind nach meinen Erfahrungen aus 45 Arztjahren Geschichten, die heilen. Vor allem gute Filme können das auch, denn sie beruhen auf guten Geschichten. Insofern habe ich unendlich viele solcher Geschichten erzählt und mehr Spielfilme verschrieben als Pharmaka. In Fehlern die Chance zu sehen zu wachsen, ist die größte Chance.

Lasst uns also offen für Irrtümer und Fehler sein und an ihnen wachsen – gern auch über uns selbst hinaus.

Danach habe ich mein Arztleben gelebt und allen die Offenheit für Fehler bewahrt. Gerade die Offenheit für sie reduziert sie beeindruckend. Als wir „Krankheit als Weg" schrieben, setzte ich durch, das ganze Buch in dicke Anführungszeichen auf der ersten und letzten Seite zu setzen, weil ich all das diskutieren wollte mit meinen Kollegen. Allein – sie wollten weit überwiegend gar nicht.

Ent-täuschungen beenden Täuschungen und befreien uns so aus der Welt der beiden Täuscher Raum und Zeit. Wer nicht am Ende auf seiner letzten Ruhestätte in den Fesseln beider Täuscher hängenbleiben will, kann sich auch über jede Enttäuschung freuen, macht sie ihn doch freier und offener. Mit der Offenheit für Fehler habe ich mir tatsächlich viele erspart. Als die Schulmedizin zwei Jahrzehnte dringend vom Stillen abriet, hielt ich ohne Zögern konsequent dagegen. Heute gilt längst wieder „breast is best". Als die – in meinen Augen – immer absurde Hetze in der Schulmedizin gegen Cholesterin viele Jahrzehnte gegen den Stoff tobte, aus dem unser Gehirn überwiegend besteht, musste ich dagegenhalten. Inzwischen gibt es den ARTE-Film „Die Cholesterin-Lüge", aber das Geschäft mit den Cholesterin-Senkern ist so groß, dass der Krieg gegen den Stoff unseres Gehirns weitergeht. Tausende litten an Clofibrat, dem Fettsenker meiner Studienzeit, anschließend mussten nachweislich über 800 Menschen elend an Lipobay zugrunde gehen. Heute geht US-Neurologe Dr. David Perlmutter davon aus, dass auch Statine, die aktuellen Fett-Senker, schweren Schaden anrichten.

Die ersten 20 Jahre meiner Arztzeit wurden Gebärmütter herausgeschnitten, als sei es ein Volkssport, heute ist dieser Irrtum weitgehend beendet. Mittlerweile werden gesunde Brüste amputiert zur sogenannten Brustkrebs-Prophylaxe. Nach dieser Logik ließe sich alles „prophylaktisch" wegschneiden, bis nur noch Gehirne in Nährlösung übrig sind mit großer Angst vor Gehirntumoren.

Inzwischen sind die „Kunstfehler" der Schulmediziner und die Nebenwirkungen von ihnen verschriebener Pharmaka die dritthäufigste Todesursache nach Krebs und Herz-Problemen. Die Schulmedizin ist zu dem Problem geworden, das sie zu verhindern vorgibt. Sie braucht dringend Hilfe und eine Philosophie.

Wir können Freiheit wieder lernen!
19

Viele Menschen beschweren sich dieser Tage, wie schlecht es um unsere Demokratie steht – völlig zu Recht! Wir leben in keiner Demokratie mehr, sondern höchstens in einer Scheindemokratie. Ebenso schlecht steht es um unsere Freiheit, auch, wenn uns das gerne ganz anders verkauft wird. Freiheit und Demokratie werden gerne und oftmals gleichgesetzt. Gleichsetzen kann man sie zwar nicht, jedoch bedingt das eine das andere. **Eine echte Demokratie setzt freie Bürger voraus. Nur freie Bürger können eine echte Demokratie aufrechthalten und für sie kämpfen, wenn sie in Gefahr ist.** Ersteres ist vorerst verspielt, Letzteres geschieht (noch) durch eine Minderheit.

Und das ist auch des Pudels Kern. Im selben Maße, wie wir verlernt haben, als freie Menschen zu leben, konnte auch die Demokratie untergehen – ein Wechselspiel. **Die gute Nachricht aber ist: wir können uns sowohl unsere Freiheit als auch eine echte Demokratie zurückholen, wenn wir das denn wollen!**

Die entscheidende Frage ist eben, ob wir es wirklich wollen. **Für einen großen Teil der Menschen scheint es bequemer zu sein, ein unfreies Leben zu führen. Sie wollen gesagt bekommen, was sie zu tun und zu denken haben.** Dafür brauchen sie auch für nichts Verantwor-

tung zu übernehmen. Sie haben es sich (vielfach unbewusst) in der Opfer-Rolle gemütlich gemacht wie in einem goldenen Käfig (obwohl er bei vielen gar nicht so golden ist). Verantwortung für sein eigenes Handeln zu tragen, sich ständig seine eigene Meinung zu bilden und unentwegt seine Freiheit zu verteidigen, dürfte für viele Menschen ein nicht allzu verlockendes Lebenskonzept sein. Schließlich ist das ziemlich anstrengend. Die Freiheit hat ihren Preis. Will man ein wirklich freies Leben in einer freien Gesellschaft führen, muss man bereit sein, diesen zu zahlen.

> *„Eine große Zahl an Menschen hat mittlerweile realisiert, dass Freiheit und Demokratie immer mehr abgebaut werden. Und sie haben sich entschieden, sich gegen diese Entwicklung zu stellen."*

Und jetzt kommt die nächste gute Nachricht, die uns in einem anderen Kapitel bereits begegnete: **Wir brauchen die Masse nicht! Eine große Zahl an Menschen hat mittlerweile realisiert, dass Freiheit und Demokratie immer mehr abgebaut werden. Sie haben sich entschieden, sich gegen diese Entwicklung zu stellen und sie werden immer mehr!** Diese Freiheitsbewegung hat enorm an Fahrt aufgenommen und konnte bereits viele Erfolge erzielen. Eines der wichtigsten Ziele ist das Zurückerobern der Meinungs- und Pressefreiheit, denn die Basis einer jeden Demokratie und freien Gesellschaft ist ein aufgeklärter Bürger, der die Möglichkeit hat, sich vielfältig, umfassend und aus unabhängigen Quellen zu informieren, diese Informationen auch verbreiten zu können und offen zu jeder Meinung stehen zu können, ohne um seine Existenz fürchten zu müssen. Hierbei sind wir auf einem guten Weg, auch wenn es oft anders scheint!

Was wir uns im Großen wünschen, dürfen wir auch im Kleinen einüben. Denn das Kleine ist die Basis. Ich spreche von der eigenen

Familie, dem eigenen Umfeld. **Hier können wir besonders Acht darauf geben, ob wir im Umgang mit unseren Mitmenschen nach unseren eigenen Freiheits-Idealen leben.** Akzeptieren wir zum Beispiel eine demokratische Abstimmung in der Familie oder stellen wir uns dann doch dagegen? Lassen wir unseren Partner oder unsere erwachsenen Kinder frei in ihrer Entscheidung oder engen wir sie stark ein und möchten ihnen ständig unsere Sichtweise aufzwingen? Trauen wir uns selbst, offen zu unserer Meinung gegenüber anderen zu stehen? Unterstützen wir Menschen und Projekte, die für eine freie Welt kämpfen? Spielen wir mit bei freiheitsraubenden Maßnahmen, die uns von Regierenden aufgezwungen werden oder stehen wir dagegen auf? Gehen wir unseren eigenen Weg oder schließen wir uns lieber der Mehrheit oder dem Gewöhnlichen an?

Was dem einen hier leichter fällt, fällt dem anderen dort leichter. Aber jeder hat sicherlich noch das eine oder andere im Zusammenhang mit echter Freiheit zu lernen. Hier laden wir euch ein, einen Blickwinkel von außen auf euer Leben einzunehmen und auf euer Verhalten zu schauen. Vieles fällt einem erst mit einem gezielten Blick auf. **Wenn wir das alle tun, wenn wir uns selbst immer mehr in einem freien Leben üben, wird auch irgendwann die Gesellschaft wieder frei sein und auch all diejenigen ein freies Leben lernen, die es sich bereits in der Unfreiheit gemütlich gemacht haben.** Früher oder später müssen wir doch alle aus unseren Komfortzonen treten. Der Lohn, der uns dafür erwartet, ist ein großer. Die Menschheit wird als freie Menschheit wieder aufblühen und in großem Glanz erstrahlen!

Aus dem Leben von Ruediger Dahlke:

Wer Tages-Seminare gibt, hat nur einen Tag Zeit. Da lässt sich – etwa bei Titeln wie „Krankheit als Symbol" – nicht alles bearbeiten. Aber wir können anhand jener Themen, die die meisten interessieren, sehr gut das Prinzip zu durchschauen lernen. Multiplizieren lernt man auch nicht dadurch, dass man alle Zahlen mit allen multipliziert und das jeweilige Ergebnis dann auswendig lernt. Man lernt das Grundsätzliche, eben das zugrundeliegende Prinzip. Das ist jedenfalls der elegantere und viel effizientere Weg, den ich entschieden bei der „Integralen Medizin" bevorzuge. Zumal ich den des Auswendiglernens in unserem pädagogisch geradezu absurden Studium erlebt und erlitten habe.

Erstaunlicherweise bevorzugen den aber viele bei uns. Bloß nicht Lernen zu lernen, scheint die Devise zu sein. Nehmen wir also als Beispiel ein Tages-Seminar zur Krankheitsbilder-Deutung, von denen ich schon so viele gegeben habe. Da lasse ich erst mal Vorschläge von den Teilnehmern einbringen, was wir besprechen wollen. Anschließend halten wir eine demokratische Abstimmung ab, und daraus wird eine Hitparade erstellt, die unser Vorgehen bestimmt – und wir kommen, soweit eben die Zeit reicht. Anschließend fangen wir mit dem Thema an, das die meisten Stimmen bekommen hatte. Das geht in der Schweiz wunderbar – es ist abgestimmt und alle haben gelernt, das zu akzeptieren. Nur einer von vielen Gründen, warum ich so gern und schon zweimal B-Schweizer war.

Wenn ich das in Österreich oder in Deutschland ganz genauso halte, werde ich garantiert nach der Abstimmung auf der Toilette angesprochen nach dem Motto: „Also ich bin nur da, weil ich über das und das reden wollte …" „Was soll ich jetzt machen? Wir haben abgestimmt und die Mehrheit ist für die beschlossene Reihenfolge." „Ja, aber ich bin nur wegen meinem Thema da", kommt dann nicht selten erneut. Einmal war ich schlagfertiger, als mich in Wien jemand auf der Toilette mit den Worten ansprach: „Ich will Sie ja nicht stören, aber…" Gerade noch rechtzeitig erwiderte ich: „Dann lassen Sie es doch einfach." Wir haben dann beide gelacht, beim Wasserlassen einträchtig nebeneinander.

Dahinter steckt ja niemals böse Absicht, sondern einfach mangelnde Übung in Demokratie. Und es gibt Länder mit diesbezüglich noch weniger Training. In Russland akzeptierten meine Seminar-Teilnehmer solche Abstimmungsergebnisse bei den Touren meist gleich von Beginn an nicht. Da herrscht eine ganz andere Mentalität und die Erfahrung mit Demokratie ist gleich null. Es gab weder unter den Zaren noch unter deren roten Nachfolgern Übungsmöglichkeiten.

Wir sehen daran, wie die Politik der jeweiligen Länder doch prägend ist bis in solche Kleinigkeiten wie die Einigung über das Programm von Tages-Seminaren. Ideal wäre, die eigenen Muster durchschauen und kennenzulernen. Dann können wir vom Kleinen zum Großen und umgekehrt Analogien erkennen und uns danach richten zum Nutzen aller. Es ist eigentlich sogar eine Chance, wenn das eigene Problem nicht drankommt, denn das erhöht die Motivation, das Prinzip zu lernen. Wenn wir etwas uns Betreffendes vorgebetet bekommen, ist das sogar eine regelrechte Lernbehinderung. Und Lernen macht obendrein glücklich, weiß die moderne Glücksforschung, aber auch die alte östliche Tradition. Sie sagt: „Wenn du irgendwo Meisterschaft errungen hast, fang gleich etwas Neues an, um Anfänger-Bewusstsein zu erleben."

Aus Routine dürfen Rituale werden!
20

Bist du unzufrieden mit deinem Leben? Findest du es langweilig? Jeden Tag dasselbe, im Beruf, in der Beziehung, alles irgendwie eingeschlafen. Aber du magst auch gerne die Sicherheit, das Verlässliche und im Grunde magst du auch dein Leben, wie es ist. Du willst nicht ausbrechen und ein Leben in Abenteuern und Unstetigkeit leben. Eigentlich sollte doch alles so bleiben, wie es ist, und dann auch wieder nicht. Ein Dilemma! Oder nicht? Nein, es gibt eine einfache Lösung.

Denn du bist vermutlich nur in einem Netz von Routinen gefangen und mit ein paar Kniffen kann man Routinen in Rituale verwandeln. Im Nu bringst du in dein Leben wieder mehr Bewusstheit, mehr Wertschätzung, mehr Feierlichkeit. Und das alles, ohne auf Kosten von Sicherheit und Beständigkeit zu gehen. Ganz im Gegenteil: Rituale geben Struktur und Orientierung, sie geben Sicherheit und Halt. Aber sie bereichern uns in ganz anderer Weise, als Routinen das können.

„Wir machen diese Dinge, die wir vorher in der Halb-Trance der Routine gemacht haben, plötzlich viel bewusster."

Rituale sind ein bisschen so wie kleine Feste. Integrieren wir also viele Rituale in unser Leben, haben wir viel zu feiern. Wir freuen uns plötzlich mehr auf alltägliche Situationen, weil wir sie auf eine ganz andere Ebene gehoben haben. **Wenn wir aus einer routinierten Handlung ein Ritual machen, bekommt diese Handlung plötzlich einen größeren Wert für uns. Wir machen diese Dinge, die wir vorher in der Halb-Trance der Routine gemacht haben, plötzlich viel bewusster.** Das bedeutet, dass wir unser Leben intensiver leben und wahrnehmen, ohne es wirklich anders zu leben.

Was aber ist ein Ritual überhaupt? Du stellst dir jetzt vielleicht irgendwelche Opfer-Zeremonien und Hohepriester vor. Nein, das ist damit natürlich nicht gemeint. Lassen wir also den Duden sprechen, der ein Ritual definiert als „wiederholtes, immer gleichbleibendes, regelmäßiges Vorgehen nach einer festgelegten Ordnung". Meist hat es zusätzlich einen feierlich-festlichen Charakter und bedient sich gewisser Symboliken.

Du kannst Rituale aus ganz gewöhnlichen Alltagshandlungen machen. Zum Beispiel aus der Körperhygiene. Lege dir einen Wochentag fest, an dem du dir für ein Vollbad Zeit nimmst. Kauf dir ein besonderes Badesalz, suche dir eine besondere Musik aus, zünde Kerzen an und die banale Körperhygiene wird zu einem wunderschönen Ritual, das du von da an am festgelegten Wochentag jede Woche wiederholst und dich darauf freuen kannst. Oder noch einfacher: Wenn du gerne Tee trinkst, kannst du auch daraus ein Ritual machen, indem du es zu festgelegten Zeiten machst, mit einer schönen Tasse, die du dafür kaufst, dazu eine Kerze anzündest und dir in dieser Zeit einfach nur eine kleine Pause gönnst und dein Handy weglegst.

Du kannst auch deine Beziehung wieder beleben, indem ihr gemeinsame Rituale einbaut. Auch hier könnt ihr einen Abend festlegen, der nur euch gehört. An diesem Abend macht ihr immer eine Flasche eures besten Rotweins auf, legt immer eure Lieblingsplatte auf, bestellt immer bei eurer Lieblingspizzeria und tauscht euch über die vergangene Woche aus. Dazu kleidet ihr euch schön, denn die Kleidung zeigt Wertschätzung und signalisiert dir und dem anderen, dass dies nun ein besonderer Moment ist, in dem der Jogginganzug unangebracht ist.

Schon das Anziehen überhaupt kann zu einem Ritual werden. Wenn du morgens aus deinem Pyjama schlüpfst und ihn gegen ein fesches Outfit eintauschst, das du dir sorgsam zusammenstellst, auch wenn du den ganzen Tag „nur" zuhause bist, beginnst du damit den Tag sogleich würdevoll.

Wie du siehst, lassen sich Rituale entweder zusätzlich einbauen, um den Alltag einfach zu durchbrechen und schöne Momente im Kalender festzulegen, oder auch einfach aus bereits bestehenden Alltagshandlungen kreieren. **Ganz gleich, für was du dich entscheidest, du wirst in jedem Fall sehen, wie bewusst du dein Leben plötzlich lebst und wie viel sinnvoller und reicher dir dein Leben dadurch erscheint.** Viel Freude beim Ausprobieren!

Aus dem Leben von Ruediger Dahlke:

Meine erste Geburt, der erste Nachtdienst allein auf der Inneren Station waren so aufregend, dass ich mich kaum mehr in den Griff bekam. Dabei war die Perserin, die ihr sechstes Kind bekam – verglichen mit mir – völlig entspannt. Sie drückte ihr Kind mit einer Art ruhiger, gelassener Selbstverständlichkeit heraus, und ich hatte die ganze Nacht vor Aufregung nicht schlafen können.

Auf der Inneren Station buchte ich mir eine erfahrene Schwester, damit sie mir über diese Nacht half. Beides ging gut und wenig später konnte ich das schon allein und ohne Herzrasen. Was war passiert? Ich hatte mich an die Situation gewöhnt, es war mein Alltag, beziehungsweise beinahe meine Allnacht geworden. Mit der Anspannung und Aufregung wich aber auch die Wachheit, und ich geriet relativ rasch in verschiedene Berufsroutinen.

Ähnliches passiert auch in Beziehungen. Als Hippies hatten wir da so einige Übung. War es in der Gymnasialzeit noch so aufregend und spannend mit all den Verboten und Einschränkungen, kaum lebten wir zusammen während des Studiums, gewöhnten wir uns daran, miteinander schlafen zu können, wann immer wir wollten. Dadurch verlor es in überschaubarer Zeit viel von seinem Reiz und geschah schließlich eher seltener. Liebesfeste wurden zu Routinen.

Dieses Muster zog sich durch alle Ebenen der Wirklichkeit bis hinein in kleinste Kleinigkeiten. In der Zeit der Pandemie war während der Lockdowns Tanzen offiziell streng verboten, gewann aber gerade dadurch höchsten Reiz. Kaum waren die Lockdowns wieder beendet, verlor Tanzen auch am Seminarende den größten Teil seines Reizes.

Tatsächlich verloren durch sich rasch einstellende Gewohnheiten die spannendsten Dinge an Reiz und gingen in ziemlich langweilige Routine über. Bei genauerer Betrachtung über Jahrzehnte von Beratungen hörte ich immer wieder, wie ursprünglich enorme Herausforderungen sich in relativ langweilige Gewohnheiten wandelten und von dort in Routinen. Das ganze Leben konnte in sie über- und dabei genaugenommen untergehen. Deswegen kommt es in Beziehungen immer wieder zu Seitensprüngen, Verhältnissen und Trennungen. Das Pendant im Berufsumfeld sind Stellenwechsel, Umschulungen, Fortbildungen und auf beiden Ebenen eine geradezu endemische Unzufriedenheit und Frustration.

Die Lösung ergab sich mir in der Zen-Meditation, die praktisch aus extrem langweiligen Ritualen bestand, die sich ständig wiederholten. Der Unterschied zwischen Ritualen und Routinen war aber

„nur" Bewusstheit. Bringen wir Bewusstheit in welche Routine auch immer, entsteht ein Ritual.

Den ebenso strengen wie langweiligen Ritualen der Za-Zen-Meditation folge ich seit über vier Jahrzehnten. Ich habe Sitzen gelernt, mit meinen Emotionen umgehen und mich den Gedanken-Überschwemmungen immer wieder von neuem zu stellen, und es ist kein Ende absehbar, nur Erleichterung.

Die eleganteste Lösung wäre, sich den Routinen des Alltags bewusst zu stellen und sie in Rituale zu wandeln, immer wieder und immer von neuem – bis der ganze Tag ein einziges großes Ritual wird. Ich bin immer noch dran – und ist es dann langweilig oder manchmal so unglaublich einzigartig, die donnernde Stille zu hören, die Allverbundenheit zu spüren?

Der wichtigste Mensch bist du!
21

Wie ist das jetzt eigentlich… Sind wir zu viel oder zu wenig egoistisch? Die Antwort ist: beides! Denn es gibt zwei Arten von Egoismus: den gesunden und den schädlichen. **Was die Menschen zu viel an schädlichem Egoismus haben, haben sie zu wenig an gesundem Egoismus.** Schädlicher Egoismus ist jener, der aus niederen Instinkten entsteht und uns letztlich eben schadet. Gier, Ungerechtigkeit, Ignoranz – das alles fällt darunter. Solche Verhaltensweisen aber sind nur scheinbar zu unserem Vorteil. Der Mensch ist im Grunde gut. Schlechtes Verhalten beschmutzt seine Seele und das rächt sich in irgendeiner Weise – meist so, dass man Ursache und Wirkung eben nicht erkennen kann. Zum Beispiel über körperliche Leiden oder anderes Unglück im Leben. Und der Mensch ist ein soziales Wesen – schlechtes Verhalten wird von der Gemeinschaft bestraft und mündet in Einsamkeit. **Es zahlt sich also nicht aus, schlecht zu sein – das haben bereits einige andere Kapitel in diesem Buch gezeigt. Dieser schädliche Egoismus begegnet uns aber ständig.** Das ist der, der uns verletzt und uns verleitet, ebenso schädlich zu handeln. „Ja, wenn der das Sozialsystem so ausnutzt, dann mache ich das auch" – solche oder ähnliche Aussagen kennst du vielleicht. Letzten Endes geraten wir damit alle in eine Negativ-Spirale, die unsere ganze Gesellschaft mit nach unten reißt. Was wir hingegen brauchen würden, ist mehr vom gesunden Egoismus. **Wir möchten dich dazu ermutigen: Traue dich, gesund egoistisch zu sein!**

Was heißt das nun? Gesunder Egoismus entsteht im Vergleich zum schädlichen Egoismus aus Selbstliebe heraus. **Gesunder Egoismus hilft uns, uns selbst zu schützen, und führt nicht dazu, anderen zu schaden. Mit ihm fällt es uns leichter, unsere eigenen Grenzen zu ziehen und zu verteidigen, uns vor Unrecht und Übergriffigkeit zu schützen, für uns selbst da zu sein und unsere Bedürfnisse ernst zu nehmen.** Natürlich kann sich dadurch jemand anderes auf den Schlips getreten fühlen. Aber so ist es im Zusammenleben von Menschen nun einmal: es ist alles ein Austarieren von Bedürfnissen und Kompromissen, Akzeptieren von Grenzen und ein Aufeinander-Rücksicht-Nehmen. Etwas, das unsere Gesellschaft wieder viel mehr lernen darf. Wenn wir aber selbst eine gute Verbindung zu uns haben, und das ist die Grundvoraussetzung von Glück und Gesundheit, dann spüren wir auch, ob unser Egoismus zu weit geht und in einen schädlichen Egoismus abgleitet.

Ein einfaches Beispiel: Wir spüren, wann wir satt sind. Wir wissen, wann der Zeitpunkt ist, wo wir uns „überfressen". Wir haben aber ein „All you can eat-Buffet" bezahlt. Bevor wir also dem Wirt etwas „schenken", stopfen wir lieber bis zum Anschlag in uns hinein. Wir gleiten also von einem anfänglichen Stillen unseres Hungers in Gier ab. Letztlich hat niemand etwas davon. Und dafür gäbe es nun etliche Beispiele. **Aber je besser unser Sensor, unser Gespür für uns selbst ist, desto besser merken wir auch, wenn wir übers Ziel hinausschießen.**

Warum aber brauchen wir mehr vom gesunden Egoismus? Wäre es nicht besser, wenn wir dem Egoismus überhaupt die rote Karte zeigen? Sehr oft wird zwischen den verschiedenen Formen des Egoismus nicht unterschieden und dieser in jeder Hinsicht verteufelt. Nach dem Motto: Du bist schlecht, wenn du irgendwas nur für dich selbst tust. Und das ist natürlich völliger Quatsch. **Die Begriffe der Nächstenliebe und Solidarität werden dabei allzu gern missbraucht – gerade in der Politik und den Leitmedien, die damit Menschen unter psychischen und sozialen Druck setzen möchten. Es soll damit ein Verhalten erreicht werden, womit sich der einzelne Mensch eigentlich selbst schadet.** Im

Sinne der „Gemeinschaft" soll er dieses Leid aber auf sich nehmen. Und das ist schlichtweg bösartig und kann im Endeffekt nie etwas Gutes bewirken. Denn die Gemeinschaft besteht dann immer mehr aus einzelnen, leidenden Menschen. Diese einzelnen, leidenden Menschen bilden also anders gesagt in ihrer Gesamtheit eine leidende Gesellschaft.

> *„Wenn du auf dich achtest, wenn es dir selbst wirklich gut geht, du gesund und glücklich bist, dann strahlt das auch auf deine Umgebung aus."*

Der wichtigste Mensch bist du! Wenn du auf dich achtest, wenn es dir selbst wirklich gut geht, du gesund und glücklich bist, dann strahlt das auch auf deine Umgebung aus. Viele Mütter muss man beispielsweise verstärkt darauf hinweisen, dass sie die beste Mutter für ihr Kind sind, wenn sie auch auf sich selbst schauen. Wir dürfen ruhig mehr auf uns achten und Mut zu gesundem Egoismus entwickeln, auch wenn uns andere dabei oft ein schlechtes Gewissen einreden wollen. Gerade als Mutter ist man mit solchen Vorwürfen und auch Selbstvorwürfen vermehrt konfrontiert. Doch der Spruch „Geht es der Mutter gut, geht es dem Kind gut" stimmt ganz einfach. Alles braucht die richtige Balance.

Im Flugzeug sagen sie, du sollst bei Druckabfall zuerst dir selbst eine Atemmaske aufsetzen, bevor du sie deinem Kind aufsetzt. Und genau das ist das Prinzip dahinter, das man gut auf unsere Gesellschaft ummünzen kann. **Was hat eine Gesellschaft von unglücklichen, kranken, frustrierten Individuen, die niemand anderem etwas Gutes wünschen, weil es ihnen selbst so schlecht geht?** Jeder begegnet dem anderen dann mit Neid, keiner hat die Kraft, etwas Konstruktives und Gutes für die Gemeinschaft beizusteuern, weil er erstmal sein eigenes Leben und Selbst aufbauen müsste. Kommt dir das bekannt vor? Ja genau, in den meisten Fällen sind wir bereits in so einer Gesellschaft, weil uns eben der gesunde Egoismus fehlt.

Wir alle sind ein Teil der Welt. Geht es den einzelnen Teilen gut, geht es der Welt gut. Würden alle lediglich gesunden Egoismus leben, hätten alle genauso viel, wie sie brauchen. Dann würden nicht zehn Prozent der Menschen über achtzig Prozent des Gesamtvermögens der Welt verfügen, während ein großer Teil der Menschen in Armut lebt. Selbst die zehn Prozent sind nicht glücklich. Ein Zuviel tut nie gut. Diese Menschen sind getrieben von ihrer Gier nach mehr und ihrer Angst, ihren Reichtum zu verlieren, und sie haben meist viel Schuld auf sich geladen.

Mit gesundem Egoismus spürt man, wann es genug ist. Man gönnt sich Zeit für sich und überarbeitet sich nicht ständig. Man lernt, auch allein sein zu können und nicht von anderen abhängig zu sein. **Man ist mit sich im Reinen, weil man anderen Menschen und der Natur nicht vorsätzlich schadet. Nach dem Motto „leben und leben lassen" will man nicht, dass es anderen schlecht geht, weil man weiß, wie sehr wir uns alle brauchen und miteinander verbunden sind.** Man spürt auch andere besser, weil man eben mit sich selbst im Reinen ist und das Herz offen ist. Man will sein Lebensglück teilen, das echt und von innen heraus kommt. Man hat die Kraft, anderen zu helfen, weil man auf seine eigene Kraft geachtet und sie aufgebaut hat.

Das alles klingt dir zu utopisch? Natürlich ist es die Version einer schöneren Welt. Aber sie ist möglich. Fangen wir bei uns selbst an: Machen wir uns selbst glücklich!

Aus dem Leben von Ruediger Dahlke:

Wie viele Ärzte habe ich meine ersten Jahre viel zu viel gearbeitet, acht Stunden Psychotherapie täglich und obendrein Fasten- und naturheilkundliche Betreuung meiner und der anderen Patienten im Dethlefsen-Institut. Fast jedes Wochenende war ich auf Fortbildung und der dienten auch meine zahlreichen Reisen – schon während der Semesterferien und anschließend weiterhin. Auf den bald beginnenden Seminaren waren nebenher zusätzliche Beratungen selbstverständlich. Schließlich wurde durch den Erfolg der Bücher und Vorträge der Andrang immer größer und ich schlief noch weniger, was mich wie die weit überzogenen Arbeitsstunden noch mehr ermüdete. Zwei Stunden beim Erstgespräch reduzierte ich auf eine, die Beratungen zusätzlich zu Seminaren wurden kürzer und dadurch nicht besser, wie auch das Seminar selbst.

Allmählich merkte ich, wie ich nicht nur mir selbst zuliebe, sondern auch für meine Patienten mehr auf mich und meine Energie achten musste. Nach Jahren wurde mir klar, dass ich diesen Lebensstil überhaupt nur durchgehalten hatte, weil ich bei meinen Fastenkursen selbst mitfastete und auch meinen eigenen Ernährungsrichtlinien folgte und nicht nur vegetarisch, sondern auch praktisch ohne Milchprodukte und Eier lebte und meinen eigenen Ratschlägen an meine Patienten selbst folgte.

Ich verbesserte mein Zeit-Management weiter und reduzierte die Nebenher-Arbeit. Aber mit dem Erfolg meiner Seminare und Ausbildungen wurde das Dilemma immer größer. Erzogen im evangelo-sozialo-humano-Stil unserer Mutter scheute ich mich lange, mehr für mich selbst zu tun. Aber die Zeit-Not ließ mich nicht nur deren Geheimnis nachspüren, woraus später die Zeitfilm-Serie im ersten Filmbuch „Hollywood-Therapie" entstand, sondern ließ meine Lebensfreude immer mehr in meine Arbeit einfließen. Ein wichtiger spiritueller Lehrer hatte mir den Satz mitgegeben: „Wo die Freude nicht ist, ist nicht dein Weg." Dem bin ich seitdem dankbar gefolgt und treugeblieben. So entstanden spirituelle Sport- und Bergseminare, Reitkurse und Hochgebirgsreitwochen über Jahre. Vor allem lernte ich zu delegieren, was auch andere konnten, und staunte, was sie alles können. Dafür machte ich immer mehr, was nur ich konnte, und staunte, was das alles brachte. Das wirkt zugegebenermaßen arrogant und egoistisch, hat sich aber sehr bewährt – nicht nur für mich, sondern gerade auch für mein Umfeld, das sich schon bald nicht mehr auf Patienten beschränkte, sondern auch Auszubildende und Entwicklungswillige umfasste. So entstanden schon früh und lange vor dem Boom durch die Corona-Pandemie unsere Online-Frühjahrs- und Herbst-Kuren mit je einer Woche Detox, einer Fasten- und einer Aufbauwoche. Sehr günstig werden sie jedes Jahr von Tausenden genutzt. Mit Live-Calls kann ich auch so viele persönlich beraten, während der Fastenwoche sogar täglich.

Aber das Thema der Zeitknappheit blieb mir trotzdem treu und ich musste mir weitere Schritte überlegen. Die neuen Online-Möglichkeiten eröffneten hier zusammen mit dem alten Trick, die Fragen meiner Zuhörer in Büchern zu beantworten, wundervolle neue Tore. X-mal dasselbe gefragt, hatte ich angefangen, in Büchern viel ausführlicher und tiefer zu antworten. Dadurch hatte ich mir – egoistisch – viel Zeit und Redundanz erspart und konnte die Wissbegierigen viel günstiger und umfassender informieren. So sind inzwischen viel-und-80 Bücher entstanden, die mir so viel einbrachten, TamanGa, unser Seminar- und Gäste-Ressort in der Südsteiermark zu bauen, was wieder allen zugutekommt. Nun gründete ich mit Hilfe meiner langjährigen Partnerin Claudia, die sich immer mehr zu meiner Managerin entwickelte, und unserem ausgezeichneten Team die Internet-Plattform Dahlke4you, und gebe monatliche Sprechstunden für viele, wie auch Film-Deutungs-Abende und Vorträge zu aktuellen Themen. So erreiche ich nicht nur wie früher Einzelne, sondern Tausende. Ähnliches hat mir meine Kooperation mit Younity ermöglicht, wo ich mein Vermächtnis Integraler Medizin in einer 18-monatigen Online-Ausbildung zur/m ganzheitlichen GesundheitsberaterIn an so viele mehr und so viel besser weitergeben kann.

Online ergibt sich obendrein die Möglichkeit, alles aufzubewahren, die einmal aufgenommenen Videos bleiben und die beantworteten Fragen ebenso. Tatsächlich wächst dieses Wissens-Archiv von Ausbildung zu Ausbildung und umfasst schon Tausende von Fragen.

Aber erst die Liebe hat mir die Freiheit geschenkt, einfach und ohne Effizienz-Hintergedanken Zeit für mich zu nehmen. Das anfänglich ambivalente Gefühl wegen diesem Egoismus ging bald in der Liebe unter. Und ich kann mich des Eindrucks nicht erwehren, genau das komme seitdem auch meinen Ausbildungs- und Seminar-Teilnehmern außerordentlich zugute.

Du fällst nie tiefer als in Gottes Hand!
22

Sehr viele Menschen blicken mit Sorge in die Zukunft. Die einen haben Angst vor den menschenfeindlichen Auswüchsen des Transhumanismus und der globalen Diktatur, die anderen ängstigt der Klimawandel. Je nachdem, welchen Medien und Informationen mehr Glauben geschenkt wird, unterscheiden sich auch die Zukunftsängste. Aber sie sind da und gegenwärtig besonders stark. **Der Wandel um uns herum ist spürbar, der Kampf zwischen Altem und Neuem tobt allgegenwärtig, gleichzeitig hört man überall apokalyptische Prophezeiungen, aber der Ausgang ist ungewiss.**

Das Einzige, das wir tun können, ist gegen die Entwicklungen zu steuern, die uns ängstigen. Dafür ist auch eine gewisse Portion Furcht gut, da sie uns motiviert, nicht tatenlos zuzusehen. Nimmt aber die Angst überhand, lähmt sie uns, kontrolliert uns und schwächt uns. **Wie auch beim Egoismus kann man deshalb von einer gesunden und von einer schädlichen Angst sprechen.** Die gesunde Angst war und ist für unser Überleben wichtig. Sie schützt uns beispielsweise vor Leichtsinnigkeit, lässt uns Gefahren erkennen und schärft dann unsere Sinne. **Die gesunde Angst ist vielfach nützlich und wertvoll und sie ist im Vergleich zur schädlichen Angst konkret. Die schädliche Angst ist diffus und kann themenübergreifend ausarten.** Sie arbeitet nicht FÜR uns, sondern richtet sich GEGEN uns. Das ist die Art von Angst, die wir loslassen dürfen.

Wie aber können wir solche Ängste verlieren? **Ruediger Dahlke weist darauf hin, dass alle Ängste auf die Urangst vor dem Tod zurückzuführen sind und sagt, dass man alle Ängste auflösen kann, wenn man die Angst vor dem Tod überwindet.** Ich, Elsa Mittmannsgruber, würde dies etwas abschwächen und sage, dass sehr viele Ängste auf verschiedene Urängste zurückzuführen sind und eine der stärksten Urängste die Angst vor dem Tod ist. **Löst du diese also auf, kannst du ein VIELFACH angstfreies Leben führen, wenn auch nicht zur Gänze.** Aber ob sie nun mehr oder weniger pauschal wirkt – die Todesangst ist in jedem Fall die Wurzel unzähliger weiterer Ängste und sollte deshalb angegangen werden, wenn du andere Ängste besiegen willst. Dazu ist es notwendig, sich näher mit dem Tod auseinanderzusetzen. Etwas, das wir gar nicht gerne tun, obwohl es für unser Leben sehr wichtig wäre. Nicht nur wegen der Ängste, sondern weil der Tod uns den Wert des Lebens aufzeigt. An die eigene Endlichkeit zu denken, führt uns vor Augen, was jetzt falsch läuft und was wir anders machen möchten, damit wir am Ende zufrieden gehen können.

Es schadet also nicht, gelegentlich dem Tod ins Auge zu sehen – nicht mit Taten, nur mit seinen Gedanken. Geh in dich und frag dich: Welche Gedanken willst du haben, wenn du im Sterbebett liegst? Was empfindest du, wenn du dir dein Grab vorstellst? Was willst du, was in deiner Grabrede gesagt wird und was die Menschen bei der anschließenden Zehrung über dich sprechen? Und wie stark machen dir diese Gedanken gerade Angst?

„Der Tod gehört zum Leben und wir brauchen ihn, um richtig in voller Dankbarkeit und Lust zu leben."

Wenn du sehr große Angst empfindest beim Gedanken an den Tod, wirst du vermutlich auch viele andere Ängste in deinem Leben haben. Wahrscheinlich bist auch du von einer weitläufigen Zukunftsangst betroffen. Zeit also, diese große Angst vor dem Tod loszuwerden. Gesprächstherapien, Hypnose oder Bücher über Nahtoderfahrungen könnten dir dabei behilflich sein. „Du fällst nie tiefer als in Gottes Hand" ist ein Spruch, der ebenso vielen Trost gibt. Er spendet Leichtigkeit und Zuversicht, aber nur, wenn man auch an Gott glaubt. Menschen, die an Gott und das Jenseits glauben, finden sehr oft darin ihren Trost. Diejenigen, für die diese Ansicht eher nichts ist, könnten ihn in folgenden Gedanken finden: **Der Tod gehört zum Leben und wir brauchen ihn, um richtig in voller Dankbarkeit und Lust zu leben.** Er sichert den ewigen Kreislauf von Werden und Vergehen, die Grundlage von allem. **Der Tod steht ebenso für Neubeginn: Es kann nichts Neues, nichts Besseres kommen, wenn nicht zuvor etwas begraben wird.** Auch wir müssen gehen, damit diejenigen nach uns nachrücken können. Würde nie jemand von uns gehen, wäre unser Planet schon längst aus allen Nähten geplatzt. Auch wir müssen unseren Platz räumen. Wir bekommen nur eine gewisse Zeit auf Erden geschenkt und für diese dürfen wir sehr dankbar sein. Sie ist nicht selbstverständlich, sie wird uns stattdessen gewährt und wir dürfen jeden Tag auf Erden genießen. Wenn wir das tun, wird es uns auch zur gegebenen Zeit leichter fallen, Abschied zu nehmen, denn wir haben das Leben in vollen Zügen ausgekostet.

Diese Gedanken sind natürlich nur erste Gedankenanstöße. Du musst für dich erkennen, was du brauchst, um deine Angst vor dem Tod aufzulösen. Sehr oft können dir andere Menschen dabei besonders hilfreich sein. Ganz wenigen kommt auch das Schicksal zuvor und sie machen selbst Nahtoderfahrungen, die dem Tod den Schrecken nehmen. So wie in folgender Geschichte.

Aus dem Leben von Ruediger Dahlke:

Bei einem Notarzteinsatz wurde ein schwer verletzter Motorrad-Rocker, der sich schon verabschiedet hatte, erfolgreich zurückgeholt beziehungsweise reanimiert. Er schien damit gar nicht einverstanden zu sein, sondern jammerte über das Schmerzliche daran und über die wundervollen Gefilde, aus denen ihn diese Erfahrung gerissen habe, voller Licht und Glückseligkeit. Die Lichtwesen, die ihn begleitet hatten, beschrieb er wie wundervolle Engel. All das kontrastierte auffällig zu seinem Outfit, das auf den ganz harten Burschen hinweisen sollte. Alte deutsche Soldatenzeichen und Totenköpfe auf der Montur, Flügel am Helm sollten ihn offenbar als knallharten Typen ausweisen, der weder Tod noch Teufel fürchtete. So stellte ich mir einen Hells Angel vor, wenn er auch wohl zu diesen nicht gehörte. Als ich ihn später auf Station besuchte, wollte er von dieser Vergangenheit gar nichts mehr wissen, sondern war weiterhin bewegt von seinen Licht-Erfahrungen während der Zeit im Reich zwischen Leben und Tod. Seine Freundin, eine entsprechende Höllen-Engels-Braut, bat mich um ein Gespräch. Sie verstand die Welt nicht mehr, er, der knallharte Hund, der darauf brannte, sich mit der ganzen Welt anzulegen, sei plötzlich wie ein friedensverliebtes Lämmchen unterwegs, habe seine ganzen Motorrad-Klamotten, und damit ihre gemeinsame Identität, aus dem Krankenhauszimmer verbannt und wolle von ihrer gemeinsamen wilden Vergangenheit gar nichts mehr wissen. Ob er denn wieder normal werden würde und was da mit ihm beim Unfall passiert sein könnte, wollte sie wissen. Ich konnte es ihr nicht beantworten und fragte mich mal wieder, was denn normal sei. Früher hatte er wilden Zauber und Mummenschanz aufgeboten, um andere das Fürchten zu lehren, jetzt schien er wirklich keinerlei Angst mehr zu haben. Diese völlige Angstfreiheit hatte ich bei erfolgreich Reanimierten schon öfter erlebt, die durch den (arche)typischen Tunnel ins gleißende Licht gegangen waren und zurückgeholt wurden. Auch Patienten, die bei der Schattentherapie tief in Trance gegangen waren und ihre Tode in verschiedenen Inkarnationen durchlebt hatten, zeichnet sie oft aus.

Eine inzwischen befreundete Frau, die ich nach einer Art verunglückter Perlentaucher-Übung nach viel zu langer Zeit unter Wasser reanimiert hatte, berichtete anschließend Erstaunliches. Ihre Lunge war weitgehend voll Wasser gelaufen, das ich nur sehr mühsam herausbekam. Als wir schon über eine Viertelstunde mit diesen frustranen Versuchen vertan hatten und eine entsprechende Beatmung keine Ergebnisse brachte, verlor ich schon die Hoffnung. Vor allem, als mir ein medial veranlagter Kurs-Teilnehmer auch noch zuflüsterte, sie wolle gar nicht zurück, sondern fühle sich wundervoll, schlug ich ihr in einem letzten verzweifelten Versuch mit voller Wucht und geballter Faust aufs Brustbein. Sie erbebte und fing wenigstens schon einmal an zu röcheln. Daraufhin kam sie tatsächlich allmählich, wenn auch für uns Helfer entsetzlich langsam, wieder zu sich. Als sie zu unserem Erstaunen und großer Freude wieder ganz zurück war, nahm sie der längst bestellte und viel zu spät gekommene Notarzt mit in die Klinik. Als sie da wieder heraus war, erzählte sie eine berührende Geschichte von einer wunderschönen Erfahrung, bis sie ein Monster verprügelt habe und das Ganze in eine Art Entsetzen umgeschlagen war.

Inzwischen gibt es eine große Fülle solch berührender Todeserfahrungen, die die Lebensgeschichte dramatisch veränderten bis hin zu einem ganz anderen, ungleich spirituelleren Dasein.

Alles spricht dafür, wer die Todesangst, die Wurzel, Quelle und Mutter aller Ängste überwindet, hat damit alle Formen von Ängsten hinter sich. Tatsächlich haben wir erst kürzlich erlebt, wie alle möglichen Ängste auf diese eine größte zurückgehen. Wer während der Pandemie Angst vor der Seuche hatte, litt an Todesangst. Aber auch, wer Angst vor einer (Gesundheits-)Diktatur hatte, litt ebenso berechtigt an Todesangst, denn genug Menschen waren an Diktaturen gestorben. Aber auch, wer Angst vor der als Impfung verkauften gentechnischen Intervention hatte, litt berechtigt unter Todesangst, denn es waren schon viele Menschen an Impfungen gestorben, wenn auch nie so viele wie an dieser mRNA- und damit Gen-Tech-Variante. Selbst wer Angst vor Konkurs und wirtschaftlichem Zusammenbruch bekam, hatte mit Todesangst zu tun, denn hatten sich am Schwarzen Freitag 1929 nicht viele Amerikaner deswegen umgebracht oder waren in Depressionen versunken, die vielfach mit Suizid endeten? Die Angst vor der Angst lief auch auf Todesangst hinaus. Wenn aber doch alle Angst dieselbe Wurzel oder Quelle hat, warum lassen wir uns, die wir alle im selben Boot sitzen, aufgrund der nur oberflächlich verschiedenen Angstformen aufeinander hetzen und so sehr gegeneinander aufbringen, und verbünden uns nicht aus Solidarität und stellen uns – am besten kollektiv – der gemeinsamen Problematik nicht bewältigter Todesangst?

Wenn du bekämpft wirst, bist du richtig!
23

Es liegt in der Natur der Sache: **Alles Neue kommt auf Kosten von etwas Altem, das weichen muss. Das löst zuerst einmal Widerstand aus.** Das Alte will seine Position verteidigen und dafür kämpft es. In einer Zeit des großen Umschwungs und Wandels, in der wir uns gerade befinden, finden solche Kämpfe auf unzähligen Ebenen statt.

Egal, auf welcher Ebene du derzeit stehst: **Wenn du etwas Neues, etwas Besseres durchsetzen willst, wirst du bekämpft werden. Und wenn du bekämpft wirst, bist du richtig!** Weshalb? Weil das ein Gradmesser dafür ist, wie bedeutend deine vorangetriebene Veränderung ist. Je bedeutender, je größer, je stärker, desto mehr kommt das Bestehende in Bedrängnis. Es werden Machtgefüge durcheinandergewirbelt, Positionen und Gewohnheiten müssen weichen. Kurz: für die einen ist es „nur" unbequem, für andere gar bedrohlich. In jedem Fall erst einmal unangenehm, egal, ob es danach viel besser wird als zuvor.

> *„Dass du bekämpft wirst, ist also bereits das letzte Stadium vor deinem Sieg."*

„Zuerst ignorieren sie dich, dann lachen sie über dich, dann bekämpfen sie dich und dann gewinnst du" – sagte Mahatma Gandhi. **Dass du bekämpft wirst, ist also bereits das letzte Stadium vor deinem Sieg.** Viele aber lassen sich davon entmutigen. Je rauer der Gegenwind wird, desto unsicherer werden sie. Völlig verständlich, schließlich weiß man nicht, wie lange man noch durchhalten muss, wie heftig es noch werden wird. **Meist ist es aber so, dass es genau dann zu Ende ist, wenn man glaubt, man kann nicht mehr, ähnlich wie bei einem Gipfelsieg beim Bergsteigen.**

Es ist nicht leicht, ein Revolutionär zu sein, das ist klar. **Aber wenn du diese Gesetzmäßigkeit kennst, dass du genau dann deinem Ziel am nächsten bist, wenn die Gegenwehr am stärksten ist, kannst du daraus Kraft und Mut schöpfen.** Wenn du weißt, dass dein Vorhaben scheinbar eine ganz große und weitreichende Wirkung erzielen wird, wenn du besonders viele Kräfte gegen dich aufgebracht hast, kann das enorm motivieren. **Behalte immer dein Ziel vor Augen und bringe Verständnis für die Gegenwehr auf. Nimm es nicht persönlich, wenn du bekämpft wirst, denn es geht nicht um dich als Person.** Es geht darum, dass Altes und Gewohntes seinen Platz verteidigen will. Auch diese Gedanken bringen Kraft und Gelassenheit.

Aber Achtung, Verwechslungsgefahr: **Nach dem „Gesetz des Anfangs", das wir bereits im Kapitel „Alles fängt mal klein an!" beschrieben haben, ist ein schlechter Anfang ein Alarmsignal.** Hakt und zwickt es gleich zu Beginn, will das Vorhaben gleich von Anfang an nicht gelingen, passieren ständig Fehler, kommt es ständig zu unangenehmen Entwicklungen, dann ist es besser, aufzuhören. Dies ist ein großer Unterschied zum oben Beschriebenen. Am Anfang wirst du erst einmal ignoriert, sagt Gandhi. Er sagt nicht, dass der Anfang besonders holprig sein muss. Ein schlechter Anfang potenziert sich, die Probleme lösen sich nicht einfach auf. Achte gut darauf: Woher kommt der Widerstand am Beginn? Kommt er nur vom Alten, das in Bedrängnis gerät, oder von überall her, vielleicht sogar aus dir selbst? Hier ist wieder Feingefühl gefragt.

Aus dem Leben von Ruediger Dahlke:

Eine aufdeckende Psychotherapie auf einen Mondzyklus oder knappe vier Wochen zu verkürzen, wo Psychoanalysen Hunderte von Stunden über viele Jahre dauern, löste selbstverständlich Widerstand aus.

Wie war der Gedanke bei uns entstanden? Ich hatte über 200 Stunden Analyse hinter mir, als mir Zweifel kamen, ob da überhaupt noch Neues hochkäme. Diese zu äußern wird in der Analyse gern als Widerstand gedeutet. Außerdem strapazierte das offene Ende meine Nerven, musste ich doch das Geld für 50-minütige Analyse-Stunden selbst verdienen mit Nachtdiensten, deren viele Stunden jeweils 60 Minuten hatten. Thorwald Dethlefsen motivierte der Gedanke, bei gleicher oder noch höherer Effizienz das Ergebnis zu verbessern, aber auch, unsere Psychotherapie für beide Seiten planbarer und verlässlicher zu gestalten.

Wir machten es uns dabei nicht leicht, sondern wollten versuchen und erproben, wie weit wir mit der Zeit heruntergehen konnten. Ein großer Trumpf auf unserer Seite war die Hautwiderstands-Messung, die erlaubte, Ladungen auf den Gedanken der Patienten zu erkennen und uns über diese Ladung zu den entscheidenden Themen und Problemen leiten zu lassen. Ein anderer Vorteil unserer Psychotherapie war die Arbeit in möglichst tiefer Trance. Die Vorteile dabei gegenüber der Psychoanalyse, die damals mehrheitlich nicht mal auf Entspannung setzte, waren ebenfalls enorm. Außerdem wussten wir aus Erfahrung, dass längere Sitzungen, also 120 statt 50 Minuten, ungleich effektiver waren, weil Patienten sich bei dieser Länge schwerer damit taten, die entscheidenden Dinge zurückzuhalten. Außerdem hatten sich auch schon die Begleitmaßnahmen „verbundener Atem", Fasten wie auch Mandala-Malen bewährt.

Schließlich kamen wir auf eine Zeit von knapp vier Wochen oder einen Mondzyklus, die nur schwer ohne Einbußen zu unterbieten war, aber in den allermeisten Fällen für eine intensive Schattentherapie reichte. Ausnahmen bildeten Verstopfte und Münchner Patienten. Deren tiefere Gemeinsamkeit erschloss sich uns lange nicht. Bei den Münchnern kam hinzu, dass sie nicht am Stück bei uns waren, sondern meist nur zweimal pro Woche. Anschließend kehrten sie in ihr gewohntes Feld zurück und fielen auch in ihre alten Gewohnheiten zurück. Wir mussten in der nächsten Sitzung den Fels immer wieder von neuem bergauf rollen. Als wir diese Sisyphus-Arbeit beendeten und sie ebenfalls in Hotels oder Pensionen nächtigen ließen, löste sich dieses Problem.

Bei den Verstopften fanden wir, dass sie sich auf körperlicher wie auf seelischer Ebene mit dem Loslassen schwertaten. Als wir das anfangs mit natürlichen Abführmitteln und dann noch deutlicher mit Fasten verbesserten, konnten auch sie mit den übrigen Patienten gleichziehen. Die Erfolge der neuen, verkürzten Psychotherapie waren nicht zu leugnen, wie sich bis heute im Heilkunde-Zentrum in Johanniskirchen zeigt, aber der Widerstand der etablierten, unberechenbar langwierigen Therapie-Richtungen blieb. In der heutigen, noch viel schnelllebigeren Zeit absolvieren sogar einige die Therapie in nur 14 Tagen.

Etwas Ähnliches ereignete sich auf körperlicher Ebene in der Dermatologie, als der Immunmodulator Imiquimod gefunden und in der Aldara-Creme bei Basaliomen anwendbar wurde. Obwohl diese schonende Behandlung mittels Salbe ungleich erfolgreicher und mit weniger Rückfällen behaftet war, wurden von Dermatologen weiterhin Gesichter mit ästhetisch oft grauenhaften Folgen operiert und entstellt. Dieser Widerstand gegen das überlegene Mittel ist bis heute spürbar und liegt wohl darin begründet, dass diese Operationen nicht selten einen großen Anteil am Verdienst von Dermatologen ausmachen.

Noch ungleich gravierender ist der Widerstand gegen die sogenannte schwarze Salbe, deren Wirkung bei Krebs auf dem alten Indianermittel der kanadischen Blutwurz beruht. Dieses uralte Mittel wird von der Schulmedizin lieber gar nicht erst geprüft. Aber Praxen in den USA, wo es verwendet wurde, sollen schon mit Vorschlaghämmern zerstört worden sein. Andererseits sind spektakuläre Erfolge heute nicht mehr zu verbergen, und so ist das Internet voll von Wundern mit Hilfe der schwarzen Salbe bei Hautkrebs. Aus persönlicher Erfahrung kann ich berichten, wenn das Naturheilmittel Weihrauchsalbe und selbst die Aldara-Creme es einmal nicht schaffen, kann die schwarze Salbe es oft immer noch – etwa bei mir persönlich.

Freue dich auf die nächste Krise!
24

Wenn Probleme, Konflikte und Alarmsignale konsequent ignoriert werden, wird es unweigerlich zur Krise kommen. Diese kann im Persönlichen, auf Beziehungs- oder Gesellschaftsebene liegen. **Ob eine solche Krise jedoch letztlich positiv für uns ist, liegt in unserer eigenen Hand. Wir können bestimmen, was wir aus der Krise machen. Denn in jeder Krise liegt eine große Chance, auch wenn wir das in jenem Moment oft nicht hören wollen.**

Wenn wir uns aber in Zeiten von Krisen vor Augen halten, dass wir sie für uns nutzen können, gibt das enorme Kraft, Hoffnung und Durchhaltevermögen. Dazu dürfen wir Krisen als Geschenk und nicht als Bestrafung betrachten. **Eine Krise ist nichts anderes als ein großes Stopp-Schild, eine Zuspitzung. Sie sagt dir: So wie es war, kann es nicht mehr weitergehen. Du musst JETZT etwas ändern – etwas, das du lange verdrängt hast.**

> *„Die Krise will, dass wir endlich aus ihr lernen. Sie will verarbeitet werden, wie man so schön sagt, und verarbeiten heißt verstehen."*

Im schlechtesten Fall fühlst du dich in einer Krise als Opfer, ohnmächtig und der Willkür des Schicksals oder anderer Menschen ausgeliefert. In dieser Haltung kann dir die Krise nichts aufzeigen, du kannst nichts daraus lernen und sie nicht als Chance nutzen. Denn du fühlst dich weder mitverantwortlich, dass es zu einer Krise gekommen ist, noch verantwortlich dafür, wieder rauszukommen. Eine ausweglose Situation. Leider wird dieser Weg aber zu oft gewählt, weshalb sich Krisen im Großen und im Kleinen ständig wiederholen mit steigender Intensität. **Denn die Krise will, dass wir endlich aus ihr lernen. Sie will verarbeitet werden, wie man so schön sagt, und verarbeiten heißt verstehen. Verstehen kann man nur, wenn man genau und ehrlich hinsieht.**

Das kann schmerzhaft sein und ist, wie das Wort „verarbeiten" schon sagt, Arbeit. Jedoch eine, die sich auszahlt. Sie ist der einzige Weg, aus dem Hamsterrad wiederkehrender Krisen.

Wir können das sehr gut auf gesellschaftlicher Ebene beobachten. Solange verdrängt und nicht aufgearbeitet wird, werden die Zeiten unschöner. Die Toleranzgrenzen sind nur bei den Menschen völlig unterschiedlich. **Der eine braucht zwanzig Arschtritte, bis er in die Gänge kommt, bei anderen reicht einer. Irgendwann reicht es aber jedem – ein hoffnungsvoller Gedanke.**

Im besten Falle fühlen wir uns also für eine Krise, egal auf welcher Ebene, mitverantwortlich. Das bedeutet, wir gestehen uns selbst die Macht zu, die Krise auch wieder zu beenden und dafür zu sorgen, dass sie sich nicht noch einmal wiederholt. **Wer den Karren in den Dreck fährt, kann ihn auch wieder rausziehen. Sich verantwortlich zu fühlen bedeutet deshalb auch, seine Lehren und Konsequenzen aus der Krise zu ziehen, zu verarbeiten statt zu verdrängen. So wird jede Krise zur großen Chance.** Je eher wir das erkennen, desto besser. Denn wie schon erwähnt: Krisen wiederholen sich immer schneller und heftiger, bis wir endlich die Verantwortung übernehmen.

Wenn wir das erkannt haben, darf uns tiefe Dankbarkeit überkommen. Denn es hätte jedes Mal noch schlimmer kommen können. Nach dem Motto: Schlimmer geht immer. Also: Freuen wir uns auf die nächste Krise und damit auf die Chance, unser Leben und unsere Welt wieder ein Stück besser zu machen.

Aus dem Leben von Ruediger Dahlke:

Meine erste richtige Krise war die Scheidung meiner Eltern. Dadurch wurde ich vom Klassensprecher in Krefeld zum Saupreiß im bayrischen Dorf, der nicht mitspielen durfte. Okay, die Luft war dort besser, aber dieses Argument meiner Mutter überzeugte mich als 8-Jährigen wenig. Der nun amtierende Stiefvater, der, statt zu überzeugen lieber zuschlug, brachte aber andererseits Sport in mein Leben, der für meinen richtigen Vater wegen Erfahrungen bei Hitlerjugend und Militär nie in Frage kam. Ich lernte sehr rasch Schifahren und konnte da unter den Gleichaltrigen punkten und Anerkennung erhalten. „Der aus der Zeitung ist in meiner Klasse" war mir als Beschreibung meiner Person ungleich lieber als „Saupreiß". In Pubertäts-Angelegenheiten war es auch ungleich besser, die anstehenden Schirennen zu gewinnen. Also wollte ich lieber Schifahrer werden, als zu studieren. Taub bezüglich der Argumente meiner Mutter brauchte ich drei Krisen, die ich heute als vom Schicksal gesandt betrachte. Tatsächlich musste ich mir beide Beine und zum Schluss noch die Schulter brechen, um aus der Schifahrerei herauszukommen. Dabei hätte ich diese Notwendigkeit schon nach dem ersten Beinbruch erkennen können. Statt auf den vermeintlich Schuldigen zu projizieren, wurde mir der Ausweg geradezu unter die Nase gerieben, aber ich war noch nicht reif, die Chance in der Krise zu erkennen. Neben mir im Krankenhauszimmer lag nämlich ein noch viel schwerer verletzter Junge, für den seine Eltern einen Psychologen engagiert hatten, um ihm autogenes Training beizubringen. Das interessierte den Sohn aber gar nicht, mich aber sehr. So lernte ich von diesem Psychologen, der mir ständig den Rücken zuwandte, autogenes Training bis zu dessen Oberstufe, die schon auf eine Art „geführte Meditation" hinauslief. Das ist bis heute eine meiner Lieblings-Meditationsformen, um Patienten auf den Weg in ihr Licht zu begleiten.

Aber damals brauchte ich noch zwei weitere Brüche, um Schifahren als hilfreich für mein Fußfassen in Bayern zu erkennen, aber nicht als meinen Weg. Heute kann ich im Sinne der deutenden Medizin darin so deutlich erkennen, wie ich Unfälle brauchte und vom Schicksal auch bekam, um (auf) meinen eigentlichen Weg zu finden, zur Medizin und dort zu jener ganzheitlichen Psychosomatik, die sich später in Büchern von „Krankheit als Weg" bis „Krankheit als Symbol" niederschlug.

Dafür brauchte es aber erst auch noch die Krise in der schulmedizinischen Klinik. Die technische, so wenig empathische Medizin, die mir dort selbst in der Psychiatrie begegnete zu überwinden, halfen die Krisen, in die mich Schulmediziner stürzten mit ihrer oft arroganten Einseitigkeit. Ich probierte die Neuroleptika an mir selbst aus, die dort routinemäßig verordnet wurden. Das war dann die entsetzlichste Drogenerfahrung meines Lebens, und ich bin immerhin ein Kind der Hippie-Zeit. Die durch diesen Selbstversuch ausgelöste Krise saß tief, lehrte mich aber die Methode, alles möglichst zuerst an mir selbst auszuprobieren. Allerdings spezialisierte ich mich auf die ungleich bekömmlichere Naturheilkunde.

Es waren weiterhin Krisen, die ich zunehmend als Chance begriff, die mich auf meinem Weg hielten. Ohne die Pandemie-Krise hätte ich Bücher wie „Schutz vor Infektionen", „Corona als Weckruf", das weit über das Corona-Thema hinausgeht, und vor allem „Mind Food" niemals geschrieben. Tatsächlich halte ich geistige Nahrung für noch ungleich wichtiger als körperliche wie „Peace Food". Auch lehrte mich diese Krise, zusammen mit Younity die enormen Chancen der

Online-Arbeit wahr- und wichtig zu nehmen. Ohne diese Krisen-Erfahrung hätte ich wohl auch TamanGa nicht abzahlen können, was ich jetzt spielend schaffte.

Vor allem aber waren es partnerschaftliche Krisen und wundervolle Frauen, die mich weiter- und voranbrachten. Ohne meine erste Frau Margit hätte ich die Ur- oder Lebensprinzipien-Lehre nicht in dieser Tiefe entdeckt und das Heilkunde-Zentrum für Psychotherapie in Johanniskirchen nicht in Ruhe verlassen können. Bei ihr wusste ich es und die dortige Schatten-Psychotherapie in besten Händen. Ohne Rita hätte ich TamanGa vielleicht nicht gebaut, es aber ohne Claudia gewiss nie so zum Erblühen gebracht. Vor allem weiß ich es bei ihr auch wieder in besten Händen.

Das Beste kommt zum Schluss!
25

In unserer schicken Plastik-Gesellschaft hat das Alter leider einen sehr schweren Stand. Wohingegen das Alter in anderen Völkern und auch bei uns zu anderen Zeiten noch hochgehalten wurde und die Alten würdevoll und wertschätzend behandelt und vielfach als weise verehrt wurden, will man bei uns weder selbst alt werden noch alte Menschen würdigen. Es scheint nicht mehr zu zählen, was sie für uns geleistet haben, was unsere Ahnen für uns aufgebaut haben. Der Keil, der durch die Generationen getrieben wird, um Politik und Profit zu machen, verschärft das Problem nochmal massiv. Die Alten werden als Umweltsünder dargestellt, als Ballast für das Sozialsystem und als engstirnig und fortschrittsfeindlich. Auch als Arbeitskraft werden sie nicht mehr gern gesehen und gesellschaftlich oftmals ausgegrenzt. Keine Spur von Dank, Wertschätzung und Achtung vor dem langen Leben und der Fülle an Erfahrung. In den eigenen Familien lässt man sie oft im Altersheim vereinsamen und dem Staat ist ihre Pflege nichts wert. Viele scheinen zu vergessen: Ohne unsere Alten wären wir nicht da, ohne sie und die vorangegangenen Generationen hätten wir nicht unseren heutigen Wohlstand, ohne ihre Überlieferung von Geschichten und Wissen wären wir heute viel unkundiger. Aber sie passen halt nicht in unsere schnelllebige Konsumgesellschaft, die alte Werte und Traditionen nicht mehr brauchen kann und alles und jeden nach seinem schnellen Nutzen bemisst.

Wir aber können diesem Unrecht viel entgegensetzen! Einerseits, indem wir unsere Alten gut behandeln und andererseits, indem wir selbst in Würde und Stolz altern. Lassen wir uns vom Jugend- und Schönheitswahn nicht anstecken, sondern sehen wir das Alter als Geschenk. Denn das ist es auch!

So wie überall im Leben Licht und Schatten sind und alles seine gute und schlechte Seite hat, verhält es sich auch mit den eigenen Lebensabschnitten. **Jedes Alter hat seine Vor- und Nachteile.** Sehr oft aber wünscht man sich im jeweiligen Alter in ein anderes – jünger oder älter, je nachdem. Als Jugendlicher will man schnell erwachsen werden, damit man alles darf, als Pensionist wollen viele wieder jung sein wie damals. Zum Glück liegt das nicht in unserer Macht! Denn wir brauchen die Vergänglichkeit und wir brauchen das Alter.

„Jedes Jahr, das du älter wirst,
bist du um ein Jahr reicher.
Du bekommst also etwas."

Wie die Alten in einer Gesellschaft behandelt werden und welches Bild des Alters in einer Gesellschaft vorherrscht, wirkt natürlich drastisch auf unser Unterbewusstsein. Viele lassen sich dadurch in eine negative Gedankenspirale reißen, an deren Ende sie sich selbst aufgeben. Sie wollen nicht alt werden und wenn sie es sind, ist alles vorbei – denken sie und handeln danach. Aber wir bitten dich: lass dich von diesen falschen Gedanken nicht verwirren! **Betrachte es stattdessen ganz anders: Jedes Jahr, das du älter wirst, bist du um ein Jahr reicher. Du bekommst also etwas.** Ein Jahr voll Erfahrung, Erlebnissen, schönen Momenten und Erinnerungen, Geleistetem, Erreichtem, auf dem du nun weiter aufbauen kannst. Mit jedem Jahr wirst du weiser und gelassener, weil du immer mehr bereits erlebt und gesehen hast. Mit jedem Jahr wirst du reicher an Wissen und mit jedem Jahr findest du mehr zu dir selbst.

Ich, Elsa Mittmannsgruber, möchte heute nicht mehr in meinen Jugendjahren stecken. Eine grauenvolle Vorstellung, diese ganzen Hormone und diese Orientierungslosigkeit, diese unreifen Sichtweisen bei gleichzeitiger jugendlicher Sturheit und Beratungsresistenz den Erwachsenen gegenüber. Nein, dahin möchte ich nicht mehr zurück. Ich bin heilfroh, so viel bereits hinter mir zu haben und mit all dem Erreichten und Erlangtem im Gepäck noch so viel vor mir zu haben. Ich freue mich auch schon auf das Älterwerden. Ich weiß, dass eine ruhigere Zeit kommen wird, nach der man sich oft in der sogenannten Rushhour des Lebens mit kleinen Kindern, beruflichen Ambitionen und dem Aufbau von Heim und Familienleben sehnt. Die Zeit jetzt ist wunderschön, aber auch das Alter wird schön. Vieles, das jetzt keinen Platz in meinem Leben hat, wird dann einen finden. Ich schiebe nichts auf, aber Prioritäten verschieben sich.

Wenn es im Außen etwas ruhiger wird, haben wir auch die Gelegenheit für innere Einkehr, für Innenschau und eine Bestandsaufnahme. Was habe ich bisher erreicht und was will ich noch vom Leben? Was kann ich jetzt machen, was ich vor einigen Jahren noch nicht konnte? Was will ich, das von mir bleibt, und welche Geschichten will ich weitergeben? Und was will ich in diesem Lebensabschnitt den Menschen zurückgeben?

Alt werden darf Ruhe und Gelassenheit mit sich bringen, aber dennoch brauchen wir in jedem Lebensabschnitt unsere Aufgaben und Ziele. Denn ohne Aufgaben wirst du dich aufgeben! Aufgaben und Ziele geben dir Lebenslust und Lebenssinn – etwas, das leider viele im Alter verlieren. Weil sie Alter mit Inaktivität gleichsetzen und nicht sehen, welch große Fülle an Möglichkeiten sich durch das Alter nun für sie eröffnet.

Gerade dadurch, dass wir im Alter meist um ein Vielfaches mehr Zeit als im jungen Erwachsenenalter haben, können wir uns viel besser engagieren. Wenn du Kinder hast, wirst du dir sicherlich wünschen, dass sie in einer guten Welt aufwachsen. Ein wunderbares Ziel, das du dir nun stecken kannst! Oder du möchtest anderen Müttern helfen, die unsere Zukunft in Form ihrer Kinder großziehen, weil du weißt, wie dringend man als Mutter Unterstützung braucht. Zahlreiche Leihoma-Dienste und dergleichen gibt es dank dieser großartigen Frauen. Du kannst auch an Bürgerprotesten teilnehmen – auch das tun einige. Das Institut für Demokratieforschung der Universität Göttingen zum Beispiel untersuchte Bürgerproteste in Deutschland. Bei den Gesprächen mit 200 Aktivisten zeigte sich ein spannendes Bild. Demzufolge liegt unsere Zukunft nicht in der Hand der Jugend, sondern der der Rentner. Je mehr Zeit, desto mehr Engagement. Und diese nutzen der Studie zufolge gerade Pensionisten und Vorruheständler.

Was du aber in jedem Fall unbedingt tun darfst: gib dein Wissen und deine Erfahrungen weiter! Sie sind ein großer Schatz und sie ermöglichen es der nächsten Generation, daran zu wachsen und möglicherweise manche Fehler nicht selbst machen zu müssen. Wenn die Generationen stets ihr Wissen weitergeben und die nächsten es in Ehren halten, wachsen wir als Gesellschaft ungemein. Dazu kannst du beitragen. **Wir laden dich also ein: Erzähle deine Geschichten! Erzähl sie, schreib sie nieder, bereichere andere damit. Wir lernen durch Geschichten, die Bilder im Kopf bleiben uns am meisten im Gedächtnis und wir können sie am leichtesten weitergeben.** Du hast sicherlich so viel zu erzählen! Verschenke deine Lebenserfahrung, schenke Weisheit, schenke Hoffnung.

Aus dem Leben von Ruediger Dahlke:

Tatsächlich habe ich als Arzt mehr über Geschichten geholfen als über Zahlen, Daten und Studien. Auch meine eigene Geschichte habe ich dazu benutzt und – etwas verfremdet – die Heilungsgeschichten meiner Patienten.

Schon in der Schulzeit konnte uns klar werden, dass wir die Geschichten der Geschichte ungleich leichter behielten als die vielen Jahreszahlen. Wir wissen noch, wie lange der Siebenjährige Krieg gedauert hat, aber wer weiß noch, wann er stattgefunden hat? Die Geschichten aber, die wir erinnern, die wir also mit uns im Innern tragen, die wir behalten haben, verbinden uns mit für uns wichtigen Themen.

Marie-Antoinette, die tragische Tochter von Maria Theresia auf dem Schafott, ist mir eingefahren. Die österreichische Heiratspolitik „tu felix Austria nube" hatte mich beeindruckt, weil sie den österreichischen Einflussbereich so angenehm entspannt vergrößerte, während die preußische Kriegspolitik das Gegenteil bewirkte. Aber dann dieser Schatteneinbruch, die Königin und ihre Hinrichtung! Schatteneinbrüche haben mich immer in ihren Bann geschlagen, und das hat wohl auch zu meinem wichtigsten Buch „Schatten-Prinzip" geführt.

Die meisten meiner Bücher habe ich als Antwort geschrieben auf die x-mal selben Fragen. Dann hielt ich sie nämlich für wichtig. Gleichsam, um ausführlicher zu antworten als mündlich und um nicht so oft dasselbe sagen zu müssen, schrieb ich Buch um Buch. Darin gab ich den Fragestellern und allen übrigen, die erst noch fragen würden, umfassend Antwort und mir selbst gleich auch.

In den Büchern der letzten Zeit zum Alter(n), „Das Alter als Geschenk" und „Gesund und glücklich älter werden", war das noch anders. Ich suchte und fand mir selbst Antworten auf die großen Fragen des Lebens und gab sie mir ausführlich und in Ruhe. Beim Schreiben wurde mir vieles klarer, etwa, wie wir im Alter, wenn wir schon nichts mehr zu verlieren haben, alles gewinnen können. Ganz besonders, wenn wir immer weniger und eigentlich schon (fast) nichts mehr brauchen, stellt es sich am ehesten ganz unerwartet als Überraschung ein.

Von Greta Silver habe ich im Alter über das Alter(n) gelernt: Von 30 bis 60 sei es genauso weit wie von 60 bis 90. Das verstand ich spontan und erkannte blitzartig, dass ich in dieser Lebensphase gerade erst das erste Drittel hinter mir hatte. Unserem wundervollen christlichen Lehrer, Bruder David, möchte ich gerne sagen, dass es auch von 90 bis 120 genauso weit ist wie von 30 bis 60, und er insofern Ende seiner 90er noch im ersten Drittel des dritten Abschnitts ist und uns allen so ein wundervolles Beispiel gibt. Stellen wir uns nur vor, wie es um das Christentum stünde, wenn viele Christen wie er unterwegs wären.

Das Alter ist voller Überraschungen. Vieles geht viel besser als erwartet und manches überhaupt erst jetzt so richtig. Auf der „Liste vor der Kiste" ist von Jahr zu Jahrzehnt mehr abgestrichen worden und insofern sind vielleicht nur noch wenige Punkte offen und für einige wird die späte wirklich eine reife Zeit. So bleibt nur noch wenig zu tun, weil das meiste schon erledigt ist. Was für ein gutes Gefühl, sich den letzten Punkten mit größter Hingabe zu widmen und diese reife Zeit in vollen Zügen zu genießen. Es macht mich glücklich, das jetzt persönlich in vollen Zügen erleben zu dürfen.

„Das Beste kommt zum Schluss" heißt ein wundervoller Film mit zwei alten Männern, die noch Wunder bewirken, bevor sie gehen. Wie praktisch und hilfreich, auf einem Schreibblock gleich nach dem Film ganz entspannt die eigene spannende „Liste vor der Kiste" zu erstellen. Sie kann uns ein ganzes Leben lang begleiten.

Jetzt – zum Ende meines Lebens hin – ist es mir eine große Freude, die vielen abgehakten Häkchen an den wesentlichen Punkten meiner Liste mit Liebe und Dankbarkeit sehen zu dürfen.

Schlussbemerkung

Jedes Ende ist auch ein Anfang. Du bist nun am Ende dieses Buches angelangt und befindest dich zugleich am Anfang eines Abenteuers. Du bist aufgebrochen zur größten und wichtigsten Reise deines Lebens: die Reise zu dir selbst. Du entdeckst dabei deine Schatten, dein Licht, deine Wünsche, deine Bedürfnisse, deine Herausforderungen, deine Fähigkeiten. Du beginnst dich und dein Leben zu leben und während du das tust, nimmst du auch das Leben selbst in ganz neuen Facetten wahr. Du siehst jetzt die Welt mit anderen Augen. Vielleicht würdest du es auch so formulieren: du fühlst dich wie neugeboren. Möglicherweise bist du nun wacher, bewusster, offener und voll von positiver Energie und Tatendrang. Wir wünschen es dir! Denn genau das war unser Ziel.

Mit diesem Buch wollen wir dich zur Erkenntnis führen, dass noch so viel Gutes vor dir und vor uns liegt. Dass wir noch so viele Möglichkeiten als Menschen und als Gesellschaft ausschöpfen können. Dass es so viel Grund gibt, die Hoffnung nicht zu verlieren, auch, wenn die Zeiten noch so düster aussehen. DU bist hier und du hast große Wirkungsmacht.

Wir freuen uns, wenn es uns mit unseren Texten gelungen ist, dir deine eigene Bedeutung vor Augen zu führen. Dir zu zeigen, wie wichtig du für uns alle bist. Wie wichtig es ist, dass es dir wahrhaftig gut geht und wie es möglich sein kann, das zu erreichen. Egal, wie dunkel es um dich zu sein scheint: das Licht ist da und du wirst es finden!

Achte auf dich! Sei gut zu dir! Sei dir bewusst, dass du selbst dein größter Schatz bist. Sei geduldig mit dir, auch wenn dir die Umsetzung deiner guten Vorsätze mal nicht gelingt. Wir sind Menschen und keine Maschinen. Wir leben, um zu lernen, zu üben und zu wachsen. Gib dir Zeit, probier dich aus.

Und vergiss nicht: alles kommt BESSER!

Dr. med. Ruediger Dahlke

Dr. med. Ruediger Dahlke ist seit 44 Jahren als Arzt, Berater und Seminarleiter international tätig. Er entwickelte die ganzheitliche Psychosomatik von „Krankheit als Weg" bis „Krankheit als Symbol". Schicksalsgesetze und Schattenprinzip vermitteln die philosophische Basis, die „Peace Food"-Reihe verbreitet den veganen Lebensstil. Seine Bücher liegen in 28 Sprachen vor.

In seinem Zentrum TamanGa gibt er Kurse zu Fasten, „verbundenem Atem", Meditation. Für Younity hält er die Online-Ausbildung zum „ganzheitlichen Gesundheitsberater"; die Internet-Plattform dahlke4you erleichtert einem inneren Kreis den Zugang zu seiner Arbeit mit Sprechstunden, Meditationen, Online-Kuren usw.

Infos:
www.dahlke.at
www.dahlke4you.com
www.heilkundeinstitut.at
www.taman-ga.at

Mag. Elsa Mittmannsgruber

Elsa Mittmannsgruber ist ausgebildete Soziologin und seit mehr als 15 Jahren Journalistin. Sie war bei diversen großen österreichischen Zeitungen tätig und übernahm 2020 die Chefredaktion des seinerzeit reichweitenstärksten Alternativmediums in Österreich, dem „Wochenblick". Nebenbei baute die mehrfache Mutter im Jahr 2021 gemeinsam mit Stefan Magnet und einem engagierten Team den TV-Sender AUF1 mit auf. Mit ihrem Erfolgsformat „Elsa AUF1" und ihrer Doku-Reihe „Zeugen der Wahrheit" wurde sie zum Publikumsliebling. Ihr Ziel ist es, der anderen Meinung eine Stimme zu geben und dem Echten auf die Spur zu kommen.

Infos:
www.auf1.tv/elsa-auf1

Gesund und glücklich älter werden
Es gibt nichts mehr zu verlieren, aber viel Entscheidendes zu gewinnen

Alt werden will jeder, älter werden niemand – lange galt das Älterwerden als Synonym für den unaufhaltsamen körperlichen und geistigen Abbau, einhergehend mit Gewichtszunahme, Schmerzen und einer abnehmenden Gedächtnisleistung. Wie wir Lebensfreude zurückgewinnen, den Alterungsprozess stoppen und vermeintlich chronische Krankheiten wie Bluthochdruck oder Altersdiabetes heilen können, zeigt Ganzheitsmediziner Ruediger Dahlke in einem sehr persönlichen Ton. Basierend auf der Essenz seiner Schicksalsgesetze und Lebensprinzipien präsentiert er ein hochwirksames Jungbrunnen-Praxis-Programm.

320 Seiten, gebunden,
erschienen im Arkana Verlag

🛒 *Erhältlich unter shop.heilkundeinstitut.at/buecher-medien*

Krankheit als Symbol
Handbuch der Psychosomatik und Integralen Medizin.
Symptome, Be-Deutung, Bearbeitung, Einlösung

Die vorliegende Neuausgabe des Standardwerks „Krankheit als Symbol" beginnt mit einer Darstellung von Philosophie und Theorie der Integralen Medizin. Das nun zum vierten Mal vollständig überarbeitete und deutlich angewachsene Handbuch verzeichnet – inzwischen mit weitgehendem Vollständigkeitsanspruch – Hunderte von Krankheitsbildern mit Tausenden von Symptomen. Es bietet Hilfe zur Selbsthilfe und ermöglicht Benutzern, sich in eigener Verantwortung anstehenden Lernaufgaben zu stellen, auf die Krankheitsbilder hinweisen.

864 Seiten, gebunden,
erschienen im C. Bertelsmann Verlag

 Erhältlich unter shop.heilkundeinstitut.at/buecher-medien

Ausgewählte Literatur von Ruediger Dahlke

Neuerscheinungen:
„Konflikte und Krisen meistern", „Mind-Food", „Angst frisst Seele" (alle Scorpio Verlag), „Corona als Weckruf", „Mein Buch der Selbstheilung" (alle Gräfe und Unzer)

Basiswissen:
„Die Schicksalsgesetze", „Das Schattenprinzip", „Die Lebensprinzipien" (alle Goldmann Arkana)

Krankheitsbilder-Deutung:
„Krankheit als Sprache der Seele", „Krankheit als Weg" (alle Goldmann Arkana)

Filmdeutung:
„Hollywood-Therapie – was Spielfilme über unsere Seele verraten", „Spielfilmtherapie" (beide Edition Einblick, www.heilkundeinstitut.at)

Ernährung:
„Peace Food – wie Verzicht auf Fleisch und Milch Körper und Seele heilt", „Vegan für Einsteiger", „Peace Food – das vegane Kochbuch", „Peace Food – vegan einfach schnell", „Peace Food – Ketokur" (alle Gräfe und Unzer), „Das Geheimnis der Lebensenergie", „Das Lebensenergie-Kochbuch" (beide Goldmann Arkana), „Vegan schlank" (www.heilkundeinstitut.at)

Fasten:
„Das große Buch vom Fasten", „Gewicht und Figur: Abnehmen – das Buch der Erleichterung" (E-Book bei dahlke4you.com), „Mein Individualgewicht", „Körper-Geist-Seele-Detox" (alle Arkana)

Alle erhältlich unter: shop.heilkundeinstitut.at/buecher-medien

Worte der Hoffnung
Bewahren wir uns den Glauben an das Gute, das Schöne und das Rettende

Wer kennt es in diesen Tagen nicht? Es gibt die schweren Momente, in denen man dazu neigt, die Hoffnung zu verlieren. Für diese Momente wurde dieser Sammelband gestaltet. Denn Hoffnung ist Kraft, Hoffnung ist Heilung, Hoffnung ist Licht in der Dunkelheit. All das soll Ihnen dieses Buch schenken. Gemeinsam mit Ihrer Familie oder ganz allein in der Stille. Schlagen Sie eine Seite auf, lassen Sie sie auf sich wirken. Genießen Sie das Buch in Häppchen. Holen Sie sich Hoffnung, wann immer Sie sie brauchen. Sie ist das Einzige, das wir niemals verlieren dürfen. Sonst sind wir selbst verloren.

*69 Seiten, gebunden,
erschienen im Pionier Verlag*

🛒 *Erhältlich im AUF1 Shop unter: www.auf1.shop*

Leseprobe „Worte der Hoffnung"

Ja! Es gehört natürlich Mut dazu, ein Kind zu bekommen. Ganz generell und zweifellos noch mehr in solchen Zeiten. Aber was wäre das für ein fatales Signal, wenn wir uns alle entschließen, aufgrund der tristen Umstände plötzlich keine Kinder mehr zu bekommen? Es spielt den Menschenfeinden an der Macht, die einen Krieg gegen Freiheit und das menschliche Wesen führen, völlig in die Hände. Es käme einer Kapitulation gleich. Wir hätten aufgegeben, weil wir somit wollen, dass das menschliche Leben endet. Aber hätten sich unsere Eltern, Großeltern oder Urgroßeltern von ihren damaligen Umständen einschüchtern lassen, wären wir alle nicht hier. Doch sie hatten Hoffnung. Je nachdem, wann sie lebten, Hoffnung, dass die Zeiten besser werden oder Hoffnung, dass die Zeiten gut bleiben. Und auch ich habe Hoffnung. Weil ich weiß, dass sich das Leben immer seine Wege bahnt – selbst in der größten Dunkelheit und unter widrigsten Bedingungen. Und weil ich weiß, dass sich das Blatt irgendwann wenden wird und früher oder später echtes Leben, echtes Mensch-Sein, gegenseitiger Respekt und echte Achtung vor Mensch und Natur diesen Planeten regieren – ein Tyrannen-Regime und eine Herrschaft aus Lügen, wie wir es derzeit global erleben, kann sich nicht auf ewig halten. Ich werde zumindest unaufhörlich meinen Beitrag dazu leisten, dass es das nicht tut.

Und das tue ich in Form meiner Aufklärungsarbeit, aber auch in der Tatsache, Kinder in die Welt zu setzen. Aber wie komme ich auf das? Weil auch das eine Form von Widerstand ist. Weil ich Leben und Liebe schenke, in einer lieblosen und menschenverachtenden Zeit. Weil neues Leben Hoffnung spendet, in einer oft hoffnungslosen Zeit. Weil ich damit ein Zeichen setze. Ein deutliches JA zum Menschsein, ein deutliches JA zum Leben, ein deutliches JA zur Ur-Weiblichkeit und ein deutliches JA zu Familie und Gemeinschaft anstelle von Individualismus und Vereinzelung.

Nach Corona
Warum die Globalisten scheitern werden und die Menschheit erwacht

Stefan Magnet skizziert auch für den unbedarften Leser verständlich, wie die Globalisten seit 200 Jahren ihren Weg verfolgen. Doch der Verfasser glaubt nicht an totale Knechtschaft, ewige Diktatur oder Untergang: Er glaubt, dass die europäischen Völker noch genügend Kraftreserven mobilisieren können, um sich eine herrliche und freie Zukunft erkämpfen zu können. Und er untermauert seine These mit starken, aufbauenden Worten. Zahlreiche wissenschaftliche Studien und neueste Erkenntnisse werden zitiert und quellenbasiert abgebildet.

312 Seiten, Taschenbuch,
erschienen im Pionier Verlag

🛒 *Erhältlich im AUF1 Shop unter: www.auf1.shop*

Leseprobe „Nach Corona"

Heute ist die Welt im Umbruch. Wirft man einen Blick hinter die Kulissen des Alltäglichen und setzt die Meldungen zu einem Ganzen zusammen, wird klar, dass das Alte wankt und alles, ausnahmslos alles, in Frage gestellt werden wird. Alle Zerwürfnisse der Gegenwart und alle politischen Kämpfe sind lediglich Ausdruck eines tiefergehenden, inneren Zusammenbruchs. Die heutigen Systeme Europas sind bereits zerborsten, auch wenn sie derzeit noch formal und äußerlich fortbestehen mögen. In dieser Ära kommt es zur Hinterfragung aller bisherigen Glaubenssätze, nicht oberflächlich politisch oder geschichtlich – sondern von Grund auf.

Wir erleben heute eine jener Epochen, in denen die Geschichte eine neue Abzweigung nimmt. Die als alternativlos geltende Globalisierung hat unglaublichen Schaden angerichtet und lässt, wie nach einem furchtbaren und vernichtenden Sturm, die von fremden Gewalten entwurzelten Menschen orientierungslos zurück. Wie nach einem verlorenen Krieg ziehen sich die Individuen verunsichert auf ihre Scholle zurück und klammern sich an das, was blieb: Heimat, Familie, Überlieferung. In einer späteren Einordnung wird diese Rückbesinnung aber keineswegs als Rückentwicklung oder Verkümmerung empfunden werden, sondern als heilsame Entschleunigung und überlebensnotwendige Erdung. Auf der Suche nach den eigenen Wurzeln werden Kräfte wach, die die Völker nicht nur durch die Krisen der Zeit stolpern lassen werden, sondern die das Potential haben, Europa neu aufzurichten, in ein wahrhaft helles und strahlendes Zeitalter zu führen. Ein unterirdischer Strom pulsiert unter dem Schutt der Zeit, immer die Besten an das Erbe erinnernd, und er sucht seinen Weg von weit her. Er flüstert von den Heldensagen des Homer, berichtet vom Freiheitskampf von Hermann dem Cherusker, kündet vom Einigungsgeist in der Völkerschlacht von Leipzig und speist die trotzigen Charaktere dieser unserer Wendezeit, die – aller Mode ungeachtet – von Deutschland, Freiheit und Europa sprechen.

Printed in Poland
by Amazon Fulfillment
Poland Sp. z o.o., Wrocław
11 February 2025

b57bcf89-198e-4cb9-91a3-8b3b2ecc8fefR01